Almut Seiler-Dietrich
Afrika interpretieren

D1729495

Almut Seiler-Dietrich

Afrika interpretieren

50 Jahre Unabhängigkeit – 50 Jahre Literatur

Die Weisheit wohnt nicht nur in einem Haus.

Almut Seiler-Dietrich
Weilburg
April 2013

Books on African Studies
Jerry Bedu-Addo

Impressum

ISBN 13: 978-3-927198-28-9
ISBN 10: 3-927198-28-5

www.books-on-african-studies-com

Inhalt

6

Einleitung

50 Jahre afrikanische Unabhängigkeit: 1957 machte Ghana den Anfang und schüttelte die britische Kolonialherrschaft ab. 1958 erreichte ein von de Gaulle initiiertes Referendum in den französischen Kolonien eine Teilautonomie innerhalb der Communauté française, die 1960 zur völligen Unabhängigkeit führte – der französische Kolonialminister bekam terminliche Probleme, bei allen Feiern dabei zu sein. Ebenfalls 1960 erkämpfte sich der Kongo seine Unabhängigkeit von Belgien – der auf 30 Jahre ausgerichtete Van Bilsen-Plan wurde Makulatur, und das Foto, auf dem ein Kongolese während der Unabhängigkeitsparade in Léopoldville König Baudoin den Degen entreißt, ging um die Welt: Es herrschten Jubel und Aufbruchsstimmung.

Am 30. Juni 1961, als Schülerin in Leopoldville, dem späteren Kinshasa, sang ich mit kongolesischen und belgischen Mädchen gemeinsam die Hymne zum ersten Jahrestag der Unabhängigkeit: „Trente juin – jour de gloire ».

Gelder flossen aus den europäischen und amerikanischen Wohlstandstöpfen, der Kalte Krieg ließ Ost und West in Afrika um Anhänger buhlen, später schlossen sich die arabischen Staaten dem Aufbauteam an. 10 – höchstens 20 Jahre – so dachte man – und das Leben in Afrika wäre nicht mehr allzu weit vom europäischen Standard entfernt. Junge Afrikaner drängten auf die europäischen Universitäten, europäische und amerikanische Entwicklungshelfer standen allerorts willigen und fleißigen Einheimischen zur Seite. Die UN-Truppen schienen zunächst die aufkommenden Rivalitätskämpfe schlichten zu können.

Man sprach von „Kinderkrankheiten" beim Aufbau der Nationen, man verstand auch die Prunksucht der ersten einheimischen Herrscher, die lediglich, so hieß es, an afrikanische Traditionen anknüpften. Man schlug sich an die Brust und rechnete nach, wie lange es in Europa bis zur ersten demokratisch gewählten Regierung gedauert hatte, und rief das Ausbluten des Kontinents durch den Sklavenhandel in Erinnerung..

Man entdeckte die Dürre als Entwicklungsbremse.

Man stellte Mängel bei der Geldervergabe fest. Besser sei es doch, Frauen zu fördern statt Männern Geld in die Hand zu geben, die es sofort vertranken.

Man wunderte sich, dass ausgebildete Afrikaner nicht nach Hause zurückkehren wollten sondern lieber im Gastland Arbeit suchten. Man befragte Ethnologen, die über strukturelle Probleme wie Klanherrschaft, Polygamie, Hexenglaube und Fatalismus informierten, die aber nicht verhindern konnten, dass Altkleidersendungen die Textilmärkte Westafrikas ruinierten, Rindfleisch-konserven aus Militärbeständen den Fleischmarkt der Sahelzone lähmten, über reine Nothilfe hinaus verlängerte Getreidelieferungen bäuerliche Initiativen in Ostafrika zum Erliegen brachten.

Die Industrienationen schafften es, aus Afrika weiterhin Öl, Holz und wertvolle Metalle und Mineralien zu holen, ohne Ländern wie Gabun, Nigeria oder Zaire davon langfristig irgend etwas außer Umweltzerstörung und ein paar reichgewordenen Handlangern in Machtpositionen zu hinterlassen, die dafür sorgten, dass die Proteste der Bevölkerung niedergeknüppelt wurden, während sie ihre Millionen auf Schweizer Konten parkten und Villen an der Côte d'Azur erwarben.

Waffenlieferungen wurden damit entschuldigt, dass „wenn nicht wir, die anderen sie verkaufen". Kriege und Völkermord schockierten und führten hin und wieder zu strategischen Überlegungen: Schulden wurden erlassen, die Ent-wicklungshilfe erneut aufgestockt.

Als dann noch die Alphabetisierungsquote sank und Aids in vielen Regionen die produktive Bevölkerung dahinsiechen ließ, wurden schließlich fast alle Afrikakenner zu Afrikapessimisten, die allenfalls noch staunten, dass es auf dem „verlorenen Kontinent" immer noch Millionen von Menschen gibt, die ihr Leben im Griff haben und fröhlicher in die Welt schauen als mancher von Ängsten geplagte Westeuropäer.

So wird Afrika weiterhin von außen gesehen. Und wie sehen sich die Afrikaner?

1991 wunderte sich die Kameruner Publizistin Axelle Kabou, die Entwick-lungsprojekte in Westafrika koordinierte, dass 30 Jahre Geldfluss so wenig be-wirkt hatten. Sie stellte die These auf, Afrika wolle sich gar nicht entwickeln, lehne jede Beschäftigung mit diesem Thema als demütigend ab („Et si l'Afrique refusait le développement?", Paris 1991, deutsche Ausgabe „Weder arm noch ohnmächtig", Basel 1995).

Befragen wir die afrikanischen Schriftsteller, von denen viele in europä-ischen Sprachen schreiben und die die Entkolonialisierung und den Aufbau mo-derner Nationen begleitet haben.

Da gab es zunächst die Rückwendung zu den vorindustriellen Werten, die die Afrikaner als „Menschen des Tanzes" den durch die Maschinen verdorbe-nen Weißen gegenüber stellten, wie es in dem Gedicht „Gebet an die Masken" des späteren senegalesischen Präsidenten Léopold Sédar Senghor heißt. Senghor besang die schwarze Kultur und gründete die politisch-kulturelle Bewegung der Négritude. Europa ehrte ihn vielfach, u.a. mit dem Friedenspreis des Deutschen Buchhandels (1968) und der Aufnahme in die „Académie française" (1984).

Der Nigerianer Wole Soyinka dagegen kritisierte schon 1960 in einem Theaterstück anlässlich der Unabhängigkeitsfeiern die Verherrlichung des vorkolonialen Afrika. Soyinka, der nicht müde wird, die neokolonialen Machthaber anzugreifen und zeitweise in nigerianischen Gefängnissen saß, wurde von Europa mit dem Nobelpreis geehrt (1986).

Neben diesen beiden wohl berühmtesten afrikanischen Schriftstellern gibt es viele andere, die die Wirklichkeit ihrer Heimat beschreiben und uns Hinweise zum Verständnis dessen geben, was im nachkolonialen Afrika passiert ist und weiterhin passiert.

Der Übergang von der kolonialen zur nachkolonialen Zeit stellt sich im literarischen Rückblick als fließend dar. Einige der hier vorgestellten Bücher wurden noch zu Kolonialzeiten geschrieben und später veröffentlicht; die portugiesischen Kolonien erlangten erst 1974 ihre Unabhängigkeit; die südafrikanischen Werke stammen alle aus der Zeit des Apartheid-Regimes, das ja erst 1990 zu Fall kam.

Einen Überblick über die Literatur aus dem subsaharischen Afrika, über wichtige Autoren und ihre Themen gibt der Anhang dieses Buches.

Die vorliegende Sammlung will daran erinnern, dass der afrikanische literarische Diskurs dem deutschen Publikum von Anfang an zur Verfügung stand. Alle vorgestellten Bücher – und natürlich viele weitere – sind, wenn auch oft Jahre nach dem Original, in deutscher Übersetzung erschienen.

Text 1 erschien unter dem Titel , „Auftrag erfüllt – Mongo Beti: Besuch in Kala oder Wie ich eine Braut einfing" in der Zeitschrift Entwicklungspolitik Nr. 18/2003, S.38 f. Die Texte 2 – 24 wurden vom Hessischen Rundfunk (HR 2) innerhalb der Reihe „Die Alternative" gesendet.

Auch Musik und Kunst interpretieren das nachkoloniale Afrika. Die neue afrikanische Musik begeistert auch in Europa ein immer größeres Publikum, das sie „Weltmusik" nennt.

Zeitgenössische bildende Künstler haben es noch schwer, sich gegen die Erwartungen, die man hierzulande an „afrikanische Kunst" zu behaupten und ihren Anspruch auf individuellen Umgang mit der Tradition durchzusetzen. Auch ihre Werke gehören, wie die afrikanische Literatur, zur Kunst unserer Welt.

Wir danken den Künstlern, die ihre Bilder zur Verfügung gestellt haben, um die literarischen Interpretationen zu illustrieren.

1. Kameruner Satire auf Französisch

Mongo Beti: Besuch in Kala oder Wie ich eine Braut einfing.
Roman. Aus dem Französischen von Werner von Grünau.
Peter Hammer Verlag 2003, 229 Seiten

1957, in dem Jahr als die britische Goldküste unabhängig wurde, sprachen die lautesten afrikanischen Stimmen französisch. Das führende Literaturland der Fünfziger Jahre war Kamerun, das bereits 1956 die innere Autonomie zugesprochen bekommen hatte. In diesem Jahr erschienen in Frankreich mehrere antikoloniale Romane, darunter der Longseller „Une vie de boy" (auf Deutsch erschienen unter dem Titel „Flüchtige Spur Toundi Ondua"), das fiktive Tagebuch des Hausdieners eines Kolonialbeamten, das noch heute in den Schulen gelesen wird. Sein Autor Ferdinand Oyono war lange Zeit Kameruner Botschafter und ist heute Minister. Und es erschien „Der arme Christ von Bomba", der Roman, der Mongo Beti berühmt machte, einen der wichtigsten und streitbarsten afrikanischen Autoren der zweiten Hälfte des 20. Jahrhunderts. In diesem Roman zeigt der Autor, der mit bürgerlichem Namen Alexandre Biyidi hieß, dass auch der den Afrikaner wohl gesonnenste Missionar in Afrika nur Schaden anrichtet. Diese beiden Autoren stellen extreme Positionen in der Beziehung zu ihrem Land da: Oyono (geb. 1929) blieb bis heute auf der Seite der Macht. Alexandre Biyidi (1932–2001), Lehrer in Rouen, nahm unter dem Pseudonym Mongo Beti vom französischen Exil aus die neokolonialen Regime aufs Korn und legte sich immer wieder mit den Mächtigen seiner Heimat an. Seine Streitschrift „Main basse sur le Cameroun" (Die Plünderung Kameruns, 1972) wurde verboten. Er gründete 1978 die Zeitschrift „Peuples noirs, peuples africains" und leitete den Verlag „Peuples noirs". Seine späteren Romanen, insbesondere „Remember Ruben" (über den von französischen Soldaten erschossenen Generalsekretär der UPC Ruben Um Nyobe), sind unverhüllte Anklageschriften gegen den Neokolonialismus. Als er 1991 zum ersten Mal nach dreißig Jahren wieder nach Kamerun reiste, verboten ihm die Behörden, einen Vortrag zu halten.

„Besuch in Kala" von 1957 ist eine eher fröhliche, nur mäßig kritische Geschichte, die vielleicht wegen ihre Mangels an Bissigkeit im Schatten der anderen antikolonialen Romane der fünfziger Jahre steht und dennoch immer wieder ihr Publikum findet, wie die Neuauflagen und jetzt die Neuübersetzung zeigen.

Der zwanzigjährige Jean-Marie Medza kehrt, nachdem er durchs Abitur gefallen ist, in sein Dorf zurück. Dort beauftragt man ihn, die treulose Ehefrau eines Verwandten zurückzuholen. Zunächst versteht der Ich-Erzähler nicht, warum gerade er der richtige für diese Mission sein soll. Aber der Dorfchef hievt ihn, den zerknirschten Looser, unter Aufbietung mythologischer Parallelen in eine Heldenposition:

Auch du sprichst mit der Stimme des Donners. Aber du bist dir deiner Macht nicht bewusst! Weißt du, worin deine Donnerstimme besteht? In deinen Zeugnissen, in deiner Bildung, in deinem Wissen um die Angelegenheiten der Weißen. Ist dir bekannt, was sich diese bushmen im Hinterland ernsthaft vorstellen? Du brauchtest nur einen französisch geschriebenen Brief an den Chef der nächsten Verwaltungsstelle zu richten, nur auf Französisch mit ihm zu sprechen, und sogleich würde jeder ins Gefängnis wandern, den du dorthin befördern willst, sogleich würdest du jede erdenkliche Vergünstigung erhalten...

Jean-Marie beugt sich dem Druck, nimmt das Fahrrad, das man ihm anbietet, und macht sich auf die beschwerliche Fahrt zu den *bushmen* nach Kala.

Dort findet er eine traditionelle Dorfgemeinschaft vor, die zunächst gerade zu idyllisch erscheint: Starke Burschen messen sich im Kampf, bewundert von schönen Mädchen, weise alte Männer sitzen in Palaverrunden, während mütterliche Frauen gehaltvolle Mahlzeiten bereiten. Tagsüber tummelt sich die Jugend im Fluss, abends wird gefeiert mit Kolanüssen als Partydroge und Unmengen von Palmwein sowie einer Flasche Whisky für den Ehrengast aus der Stadt, den später die Tochter des Dorfchefs in seiner Hütte besucht. Das ganze gipfelt in einer prunkvollen Hochzeit, auf der Jean-Marie erst ziemlich spät versteht, dass er selbst der Bräutigam ist.

Ein Roman also, den man unserer partyverwöhnten Jugend empfehlen sollte? Gewiss, zumal hier ein ganz anderes Bild des dörflichen Afrika gezeichnet wird, als es unsere Medien derzeit darstellen. Aber auch in diesem Roman findet man die üblichen Zielscheiben des Autors: Der Dorfchef lässt sich von den Kolonialherren schmieren, unter dem Deckmantel der Familiensolidarität nutzt der Onkel die Popularität des Neffen für seine Raffgier, die Bauern ergehen sich in unkritischer Bewunderung für alles, was aus dem Dunstkreis der Weißen kommt. Am Ende aber kann sich Jean-Marie Medza der Tyrannei seines Vaters genauso entziehen wie der ihm aufgedrängten Braut. Und seine Mission hat er erfüllt („Mission terminée" heißt der Originaltitel): Die untreue Ehefrau kehrt zu ihrem Mann zurück, während der Ich–Erzähler seine Erfahrungen in Kala zusammenfasst: Er hat „die Karikaturen des kolonisierten Afrikaners" entdeckt. „Sein Drama ... ist das eines Menschen, der sich selber überlassen ist in einer Welt, die er nicht geschaffen hat und von der er nichts versteht."

Dieses Drama spielt sich seitdem immer noch in Afrika ab, und deshalb ist es gut, dass dieser Roman wieder aufgelegt wurde, zumal Gudrun Honke dem deutschen Text durch ihre Überarbeitung neue Frische verliehen hat.

2. Eisenbahnerstreik in Westafrika

Sembène Ousmane: Gottes Holzstücke.
Roman aus Senegal und Mali.
Übersetzt und mit einem Nachwort von Peter Schunck.
Lembeck Verlag 1988

Der senegalesische Autor und Filmemacher Ousmane Sembene gehört zu den großen afrikanischen Schriftstellern, die seit den fünfziger Jahren die oft turbulente Entwicklung ihrer Heimat von der Kolonie zum autonomen Staat kritisch begleitet haben. Anders als die meisten seiner Kollegen aber ist Ousmane Sembene kein Akademiker. Er hat nicht wie fast alle französisch schreibenden Autoren Schwarzafrikas in Paris studiert; er hat sich nicht in feinsinnigen lyrischen oder essayistischen Texten mit der Andersartigkeit schwarzer Kultur auseinandergesetzt wie etwa sein berühmter Landsmann und langjähriger Präsident Leopold Sedar Senghor. Der Fischerssohn und Autodidakt Sembene – Ousmane ist sein Vorname, den er nach französischer Sitte bei offiziellen Angaben nachstellt – ist in der Welt der Arbeiter zu Hause; das afrikanische Proletariat liefert ihm seine Vorbilder. Er selbst flog wegen Disziplinschwierigkeiten aus der Kolonialschule und wurde Automechaniker. Nach Europa kam er als Soldat gegen Ende des Zweiten Weltkrieges. Er wurde 1946 in Baden-Baden aus der Armee entlassen und kehrte nach Senegal zurück, wo er sich in der Gewerkschaft engagierte.

Schon in den Dreißiger Jahren des 20. Jahrhunderts hatte Senghor unter dem Schlagwort „Négritude" den Respekt vor der afrikanischen Kultur als der europäischen gleichwertig eingefordert. Aber es brauchte das Gemetzel des Zweiten Weltkrieges, um den Mythos des kulturell höher stehenden Europäers, der in den Kolonien weiterhin vermittelt wurde, nachhaltig anzukratzen. Tausende von Schwarzafrikanern waren auf den europäischen Kriegsschauplätzen ganz anderen Weißen begegnet als denen, die ihnen in Afrika die wahre Zivilisation zu bringen vorgaben. Sie hatten Angehörige der sich überlegen fühlenden Rasse in Dreck, Elend und – schlimmer noch – im Kampf gegeneinander erlebt. So kam es, dass nach dem Krieg in den Kolonien ganz neue Töne angeschlagen wurden:

Wir machen doch die Arbeit, und zwar die gleiche wie die Weißen. Woher haben sie dann das Recht, mehr zu verdienen? Weil sie Weiße sind? Und warum werden

*sie, wenn sie krank sind, behandelt, und warum haben wir und unsere Familien
das Recht zu krepieren? Weil wir Schwarze sind? Worin ist ein weißes Kind einem
schwarzen überlegen? Worin ist ein weißer Arbeiter einem schwarzen überlegen?
Man sagt uns, wir hätten die gleichen Rechte, aber das sind Lügen, nichts als Lügen!
Die Maschine, die wir arbeiten lassen, die sagt die Wahrheit: Sie kennt keinen weißen und keinen schwarzen Mann. Es nützt nichts, dass wir unsere Lohnstreifen betrachten und sagen, die Löhne seien nicht ausreichend. Wenn wir anständig leben
wollen, müssen wir kämpfen!*

Mit dieser Rede wird am 10. Oktober 1947 ein Streik ausgerufen, der in die
Geschichte Französisch-Westafrikas eingegangen ist: der Streik der Eisenbahner
auf der Strecke Dakar – Bamako – Niger, der wichtigsten Eisenbahnlinie des
Kolonialreiches. Die Rede hält ein Gewerkschaftler in Bamako, der heutigen
Hauptstadt des westafrikanischen Staates Mali. Der Wortlaut allerdings stammt
von Ousmane Sembene, der diesen Streik in einem seiner wichtigsten Romane
nacherzählt. „Gottes Holzstücke", so der Titel des Romans, der auf die afrikanische Sitte anspielt, anstelle von Menschen Holzstücke zu zählen, denn es gilt
als unheilvoll, Menschen zu zählen.

Und es gibt viele Holzstücke zu zählen in diesem gewaltigen Werk, das mit
Zolas „Germinal" verglichen wurde, weil es die Not und den Lebenswillen des
Proletariats darstellt. Es führt uns zu den Menschen, die vom Streik betroffen
sind. Die Handlung wandert zwischen Bamako, Thiès und Dakar hin und her:
Zunächst treten die Arbeiter auf, die den Streik beschließen, dann die Europäer:
der Direktor der Eisenbahngesellschaft und sein Stab, die dieser für sie völlig
neuen Situation ziemlich hilflos gegenüberstehen. Der Hauptteil des Romans
aber wird von den Frauen bestritten. Ihnen gehört die Sympathie des Autors,
der deutlich macht, dass sie am meisten unter dem Streik leiden, denn ihre
Aufgabe ist es, die zahlreichen Kinder zu ernähren und für ein geordnetes
Familienleben zu sorgen. Die Frauengestalten des Romans „Gottes Holzstücke"
sind längst klassische Figuren der afrikanischen Literatur geworfen. Sie gelten
als literarische Modelle von Frauen, die in schwierigen Zeiten die Dinge selbst
in die Hand nehmen, die sich nicht darauf verlassen, dass ihre Männer die
Angelegenheiten schon regeln werden, sondern selbst handeln, für – aber auch,
wenn es sein muss – gegen die Männer. Eine dieser Frauen ist Ramatoulaye.
Vergeblich hat sie ihren reichen Bruder um Hilfe gebeten, und nun muss sie
sehen, dass dessen Hammel gerade die letzten Reisvorräte aufgefressen hat.

*In diesem Augenblick hörte man ganz in der Nähe ein Blöken. Ohne Zweifel kam
es von dem großen Hof. Ramatoulaye, die selten lief, stürzte weg wie eine Furie. Auf
der Veranda erkannte sie den Widder, der friedlich aus der Hütte von Bineta kam
und an einem Stück rotweiß gestreiften Stoffes kaute. Ramatoulaye knüpfte ihr
Hüftuch enger und befestigte das Kopftuch: „Bewegt euch nicht!", sagte sie zu den*

Frauen und Kindern, die sich versammelt hatten. „Abdu, bring mir das große Messer! Mach schnell! Ihr werdet entweder Fleisch von dem Hammel oder von mir essen, aber heute Abend geht keiner hungrig zu Bett!"

Es folgt ein wilder Kampf, der mit dem Tod des Hammels endet. Das harmlose Tier scheint hier zum Sündenbock im wahrsten Sinn des Wortes zu werden; wichtiger als sein Symbolwert aber ist der Nährwert seines Fleisches für die Familie und ihre Nachbarn, von denen viele schon tagelang nichts Richtiges mehr gegessen haben. Aber noch ehe das Fleisch in den Töpfen gar ist, erscheint die Polizei, um Ramatoulaye aufgrund der Anzeige ihres Bruders zur Wache zu holen. Die Frauen verteidigen sie mit ihren Waffen, den mit Sand gefüllten Flaschen und mit brennendem Stroh, das schließlich das ganze Viertel in Brand setzt. Ramatoulaye geht freiwillig zur Polizei, begleitet von einer riesigen Schar von Frauen, die vor dem Revier auf den Fortgang der Dinge warten.

Die Szene, die dann folgt, kann in ihrer Grausamkeit und Perversion nur verstanden werden, wenn man bedenkt, dass sich die Geschichte in der Sahelzone abspielt, in einem der wasserärmsten Länder der bewohnten Welt. Der Wassermangel ist ein Leitmotiv des Romans: als erstes Druckmittel gegen den Streik hatten die Kolonialherren die Wasserversorgung gesperrt, so dass jeder Tropfen von weit her geschleppt werden musste und es auch völlig unmöglich war, den Brand zu löschen. Nun aber werden zur Vertreibung der Frauen ausgerechnet Wasserwerfer eingesetzt: Das kostbarste Gut, das heranzuschaffen die Frauen den größten Teil ihrer Arbeitskraft kostet, wird nun zur Waffe: Eine der Frauen stirbt unter der Wucht des Strahles, der sie mitten ins Gesicht trifft.

Es gibt noch mehr Tote in dieser Auseinandersetzung. Als ein in Panik geratener Weißer drei Kinder erschießt, beschließen die Frauen, nach Dakar zu marschieren, um ihre Sicht der Dinge vor die oberste Behörde zu bringen.

Wie sehr der Streik am sozialen Gefüge rüttelt, zeigt sich auch daran, dass ausgerechnet Penda, die von allen verachtete Prostituierte, diesen Zug organisiert. Penda hatte schon bei der Verteilung der von Spendengeldern beschafften Lebensmittel ihr Organisationstalent bewiesen und sich gegen die ehrbaren Ehefrauen durchgesetzt. Die Rangordnung unter den Frauen gerät ins Wanken, aber auch die Männer beginnen, ihre Frauen mit anderen Augen zu sehen. Durch die Not hellhörig geworden, lassen sie sie in den Versammlungen mitreden, diskutieren mit ihnen und – hier greift der Autor sicherlich weit in eine mögliche Zukunft hinein – gehen sogar Wasser holen, wenn ihre Frauen durch die lange Hungerzeit zu schwach dafür geworden sind. Damit übernehmen sie eine Tätigkeit, die für einen westafrikanischen Mann normalerweise etwas ziemlich Peinliches ist. Auch hier zeigt sich am Leitmotiv des Wassers die Veränderung der Menschen durch den Streik, die im ersten Teil des Buches abschließend so formuliert wird:

Die Menschen begriffen, dass diese Zeit nicht nur andere Männer hervorbrachte, sondern auch andere Frauen.

Penda schlägt den Marsch nach Dakar vor und setzt sich an die Spitze des Zuges.

In der Mitte des dritten Tages machten sich Anzeichen von Ermüdung bemerkbar. Sie waren durch Pouth gekommen, wo die Dorfbewohner ein Spalier gebildet hatten, um den singenden Frauen Beifall zu spenden; aber nach und nach hatte sich die Marschkolonne auseinander gezogen. Die Sonne goss auf die Erde ganze Kessel voll Glut, die Gelenke der Knie und der Knöchel wurden steif und taten weh. Wie ein Fluss, der seine Kräfte angesammelt hatte, um durch eine enge Schlucht zu gelangen, und der sich nun der sanften, angenehmen Ebene hingibt, so zog sich die Truppe der Frauen auseinander und wurde länger und breiter.

„Ich höre niemand mehr singen", sagte Maimouna, die immer noch in der Spitzengruppe war, und legte ihre Hand auf die Schulter von Penda.

„Das stimmt, ich habe es nicht bemerkt. Seit wann ist das so?"

„Seitdem wir die von einem Auto überfahrene Schlange gesehen haben", sagte Mariame Sono und setzte sich oder ließ sich vielmehr auf den Rand der Böschung fallen.

Penda sah zum Horizont: „ Steh auf, Mariame, hier ist kein guter Ort, um sich auszuruhen; dort hinten gibt es Bäume! Ihr mit euren Wasserbehältern, geht an die Spitze und gebt nur denen zu trinken, die an den Bäumen dort hinten angekommen sind."

Die hartnäckige Penda wird zur Märtyrerin des Zuges. Sie schafft es, dass die Frauen fast ohne Nahrung und nur mit einem Minimum an Wasser bis nach Dakar gelangen, also eine Entfernung von immerhin rund fünfzig Kilometern zurücklegen. Aber am Stadtrand erwartet sie das Militär, das zwar vor der andrängenden Menschenmenge zurückweicht, dessen Schüsse aber Penda niederstrecken. Die Frauen aber haben zu viel gelitten, um sich noch einschüchtern zu lassen. Mame Sofi übernimmt die Führung zum triumphierenden Einmarsch ins Hippodrom, wo sich die Arbeiter von Dakar zu den streikenden Eisenbahnern gesellt haben. Politische Größen halten beschwichtigende Reden, aber dann tritt Bakayoko auf, der eigentlich Initiator des Sreiks, der das ganze Buch über meist nur in den Gesprächen der Menschen präsent war. Die Menge setzt durch, dass er sprechen darf, was allein schon ein ungeheures Ereignis für die Kolonie ist. Er fordert Kindergeld, Rente, Lohnerhöhung und mehr Stellen sowie das Recht auf eine eigene Gewerkschaft.

Im Roman werden diese Forderungen erfüllt, und der Streik ist nach einigen Monaten zu Ende. Die Wirklichkeit war härter: Noch etwa fünf Jahre brauchten die afrikanischen Arbeiter sowie eine Reihe weiterer Streiks, um wenigstens einige ihrer Forderungen durchzusetzen. Die Streikbewegung ging dann in den Kampf um die Unabhängigkeit über, die 1960 erlangt wurde. Das ist auch das Erscheinungsjahr von „Les bouts de bois de Dieu" – „Gottes Holzstücke"; und man mag sich fragen, warum so ein wichtiges Buch erst 28 Jahre später bei uns erschienen ist, zumal der Autor schon längst andere Werke auf dem deutschen Buchmarkt hatte und Filme von ihm im deutschen Fernsehen gezeigt worden waren. Die Antwort könnte sein, dass wir eher bereit sind, die Kritik an den derzeitige Missständen in Afrika aufzunehmen, als uns mit den Gründen auseinander zu setzen, die Afrika in eine so schwierige Position gebracht haben. Dabei liegt in der Entwicklung zwischen dem Zweiten Weltkrieg und der Unabhängigkeit der Schlüssel für vieles, was heute auf dem Schwarzen Kontinent vor sich geht und wofür wir kaum mehr als ein Kopfschütteln übrig haben.

Aber geben wir das letzte Wort einer der Frauen, die Sembene besonders liebevoll zeichnet. Die blinde Maimouna singt die Legende von Goumba und stellt damit den Streik in die Tradition des Kampfes; eine Tradition, die auch der europäischen Überlieferung nicht fremd ist:

Über Sonnen und Sonnen hinweg
Dauerte der Kampf.
Goumba durchbohrte seine Feinde ohne Hass,
er war ganz mit Blut bedeckt
Aber glücklich ist, wer ohne Hass kämpft.

3. Dialog der Religionen

Cheikh Hamidou Kane: Der Zwiespalt des Samba Diallo.
Erzählung aus Senegal.
Übersetzung von János Riesz und Alfred Prédhumeau.
Lembeck Verlag 1980, 193 Seiten

Die meisten Afrikaner, die um die Jahrhundertmitte aufwuchsen und die Schulen der Kolonialherren besuchten, lernten dort, dass ihre Familien primitiv und geschichtslos dahinvegetierten, und dass die wahre Zivilisation die des christlichen Abendlandes – eben die des Kolonialherren – sei. Die afrikanische Elite, die damals zur Schule gehen und zum Teil sogar in Europa studieren durfte, hat oft erst im Erwachsenenalter die kulturelle Tradition ihrer Vorfahren entdeckt und als ihre eigene anerkannt. Für die einzelnen Menschen, die eine solche Entfremdung im Laufe ihres Bildungsganges erlebten, haben sich daraus nicht selten schwere persönliche Konflikte ergeben, die in erster Linie aus der

Konkurrenz der Kulturen und ihrer verschiedenen Wertmaßstäbe entstanden sind. „Der Zwiespalt des Samba Diallo" ist ein solcher Konflikt: der Zwiespalt des 1928 geborenen Autors Cheikh Hamidou Kane, der zur senegalesischen Elite gehört. Wie der Held seiner Erzählung hat Kane zunächst die einheimische Koranschule und später das französische Gymnasium besucht. In seinem Buch finden wir die Argumente wieder, die seine Familie damals bewog, ihn in die Schule des ungeliebten Kolonialherren zu schicken. Diese Entscheidung ist wegweisend für das fiktive Volk der Diallobé, weil Samba Diallo dem Adel angehört. Manch adlige Familie schickte damals Sklavenkinder in die französische Schule, um dem Drängen der Kolonialbehörden formal nachzugeben, aber die Schwester des Fürsten, Sambas Tante, macht klar, dass die Zukunft dieses Opfer von den eigenen Kindern fordert:

Die Schule, in die ich unsere Kinder dränge, wird all das in ihnen töten, was wir mit Recht lieben und bewahren möchten. Wenn sie von der Schule zurückkommen, werden sie uns vielleicht nicht wieder erkennen. Ich bin trotzdem dafür, dass wir bereit sind, in unseren Kindern zu sterben, und dass die Fremden, die uns besiegt haben, unseren Platz in ihnen einnehmen. <...>

Ihr Leute von Diallobé, denkt an unsere Felder vor der Regenzeit. Wir lieben unsere Felder, aber was machen wir mit ihnen? Wir töten sie mit Eisen und Feuer. Oder denkt an unsere Samenvorräte, wenn es geregnet hat. Wir würden sie gerne essen, aber wir graben sie in die Erde ein. Ihr Leute von Diallobé, mit den Fremden ist der Sturm gekommen, der für unser Volk die rauen Jahre ankündigt. Ich bin der Meinung, dass unsere Kinder unser bester Samen und unsere wertvollsten Felder sind.

Eine Frau vertritt hier den progressiven Standpunkt und setzt ihn durch. Dies entspricht durchaus schwarzafrikanischer Tradition, unüblich wäre es allenfalls, dass – wie im Roman – diese Frau ihre Argumente einer großen Versammlung vorträgt. Der Autor rechtfertigt dies mit der Ausnahmesituation, in der sich das Volk der Diallobé befindet.

Samba Diallo verlässt also seinen heiß geliebten Meister, den Lehrer der Koranschule, der ihn nach dem Grundsatz „Wer seine Kinder liebt, der züchtigt sie" erzogen hat, aber gleichzeitig den Grundstein für eine mystische Beziehung legte, die nie mehr völlig gelöst werden kann. In der Koranschule hat Samba Diallo eine Geistigkeit kennen gelernt, die dem naturverbundenen traditionellen Denken zwar ursprünglich fremd ist, aber durch den Jahrhunderte langen islamischen Einfluss den Adel der westafrikanischen Feudalgesellschaft geprägt hat. Auch Samba Diallos Vater, der Ritter, wie er genannt wird, ist frommer Moslem, aber gegenüber dem Franzosen Paul Lacroix vertritt er die Denkweisen und das Wertesystem der schwarzafrikanischen Gesellschaft.

Der Ritter betrachtete Paul.

„Aber darf ich auch Sie fragen: Glauben denn Sie wirklich nicht an das Ende der Welt?"

„Nein! Die Welt wird kein Ende haben. Jedenfalls nicht ein Ende, wie man es hier erwartet. Dass eine Katastrophe unseren Planeten vernichten könnte, das ist schon möglich…"

„Unser einfacher Bauer glaubt nicht an ein solches Ende, an eine zufällige Katastrophe. In seiner Welt gibt es keinen Zufall. Sie ist, trotz allen Anscheins, weniger Angst erweckend als Ihre."

„Schon möglich! Pech für uns, dass unser Weltbild das richtige ist. Die Erde ist nicht flach. Sie hat keinen Rand, von wo aus man in den Abgrund stürzen könnte. Die Sonne ist keine Lampe, die an einem blauen Himmelszelt aus Porzellan hängt. Das Weltbild, das die Wissenschaft uns enthüllt hat, ist nicht so unmittelbar menschlich, aber Sie müssen zugeben, dass viele Gründe dafür sprechen…"

„Ihre Wissenschaft hat Ihnen eine runde, vollkommene Welt der endlosen Bewegung offenbart. Sie hat sie vom Chaos zurück erobert. Aber ich glaube, dass sie den Menschen damit für die Verzweiflung anfällig gemacht hat."

Zwiespalt – Zweifel – Verzweiflung: Nach der Kindheitswelt, in der er sich eins wusste mit der Natur, wesensgleich mit Tieren, Pflanzen und Steinen, nach der strengen, von der Umwelt losgelösten Erziehung durch das Erlernen des Korans versucht Samba Diallo nun, das schwer verständliche Denkgebäude dieser technisch überlegenen Zivilisation der Kolonialherren zu begreifen. Er geht – wie auch der Autor Kane – nach Paris, um dort Philosophie zu studieren. Aber auch mit Sokrates, Descartes und Pascal kommt er nicht weiter. Seinen Ideen wiederum können die europäischen Gesprächspartner nicht folgen. Das Leben in Europa ist offensichtlich von seinen Philosophen nur wenig beeinflusst. Zu Gast bei den Eltern seiner Freundin Lucienne lässt sich Samba Diallo zum Philosophieren hinreißen:

„Mir scheint, dass die europäische Geschichte eine Entwicklung erfahren hat, durch die sie ihre Richtung verändert hat und schließlich aus ihrer Bahn geworfen wurde. Verstehen Sie mich nicht falsch: Im Grunde erscheint mir die philosophische Idee des Sokrates nicht so verschieden von der des heiligen Augustinus zu sein, obwohl zwischen den beiden die Geburt Christi steht. Und diese Idee bleibt dieselbe bis hin zu Pascal. Es ist auch die Idee des ganzen nicht-abendländischen Denkens."

„Welche Idee meinen Sie?" fragte Pierre.

„Ich kann es nicht sagen", entschuldigte sich Samba Diallo. „Aber fühlen Sie nicht, dass die philosophische Grundlegung bei Descartes bereits nicht mehr die gleiche ist wie bei Pascal? Nicht etwa, weil sie von unterschiedlichen Fragestellungen ausgegangen sind, sondern weil sie anders an diese Fragen herangegangen sind. Nicht das zu enträtselnde Geheimnis ist enträtselt worden, sondern die Fragen und

Methoden, mit denen man die Rätsel lösen will. Descartes ist hinsichtlich der Erwartungen wesentlich bescheidener: So erhält er zwar quantitativ mehr Antworten, aber qualitativ helfen uns seine Lösungsvorschläge weniger. Meinen Sie nicht auch?"
Pierre antwortete nur mit einem zweifelnden Achselzucken.

Darüber hinaus wird er in Paris mit einer völlig neuen Ideologie konfrontiert, die mit dem Gedankengut des christlichen Abendlandes – wie ihm scheint – genauso wenig vereinbar ist wie die Welten, in denen er aufgewachsen ist. Lucienne ist Kommunistin und versucht, ihn für den Kampf der Proletarier zu gewinnen. Diese neue Herausforderung hilft Samba Diallo, seine eigene Position klar zu erkennen.

Plötzlich war ihm ein Licht aufgegangen, er hatte verstanden, was das blonde Mädchen von ihm wollte. Von da an ging er in die Offensive.
„Lucienne, mein Kampf geht in allen Richtungen weiter als der deine. <...> Du hast dich nicht nur über die Natur erhoben. Du wendest jetzt sogar gegen sie die Waffe deines Denkens; dein Kampf zielt darauf ab, sie zu unterwerfen. Ist es nicht so? Ich habe die Nabelschnur noch nicht zerschnitten, die mich an sie bindet. Die höchste Auszeichnung, nach der ich noch heute strebe, besteht darin, ihr empfindsamster Teil, ihr bestes Kind zu sein. Ich würde nicht wagen, sie zu bekämpfen, da ich selbst Natur bin. Nie könnte ich den Schoß der Erde öffnen, wenn ich meine Nahrung anbaue, ohne sie vorher zitternd um Vergebung zu bitten. Ich fälle keinen Baum, wenn ich sein Holz brauche, ohne ihn brüderlich darum zu bitten. Ich bin nur jenes Stück Sein, in dem das Denken seine Knospen treibt."

Vor Beendigung seines Studiums wird Samba Diallo von seinem Vater nach Hause zurückgerufen. So trennen sich die Lebenswege Cheikh Hamidou Kanes und seines Protagonisten. Während der Autor Diplome erwarb und eine Reihe hoher Posten auf nationaler und internationaler Ebene innehatte, zerbricht sein Held am Kulturkonflikt. Samba Diallo kann den Gott seiner Väter und seines Meisters nicht wieder finden: es ist für ihn unmöglich geworden, sich dem Gebet hinzugeben. Der individuelle Zweifel und die Freiheit, religiöse Pflicht abzulehnen, die Samba Diallo erahnt, provozieren seinen physischen Tod, der aber – wie in fast allen afrikanischen Romanen nicht Ende, Pessimismus bedeutet, sondern Warnung, prophetisches Wirken für die Nachwelt. Zum Werkzeug, zum Mörder an Samba Diallo wird ein „Narr", der wahnsinnig aus Europa zurückkehrte, ein Typus, der häufig in der frankophonen Literatur Afrikas auftritt. Der Narr ist das Werkzeug einer konservativen und regressiven Tradition, die den individuellen und freien Umgang mit Religion nicht erträgt. Durch sein eigenes, im europäischen Krieg erworbenes Trauma, das ihn wahnsinnig werden ließ, sieht der Narr in dem aus Europa zurückgekehrten Samba

Diallo eine Bedrohung der Gesellschaft und erhebt sich selbst zum Wahrer eines religiös-puristischen Afrika, das so zur Bedrohung des modernen Menschen wird. Die Warnung heißt also: Die Zukunft Afrikas kann weder in der sklavischen Nachahmung des Westens noch im Beharren auf den traditionellen Werten liegen. Sie muss auf einem neuen Gleichgewicht zwischen Individuum und Gruppe basieren, vor allem aber auf Ehrfurcht vor allem Lebendigen.

4. Die Jaguarfrau

Cyprian Ekwensi: Jagua Nana.
Ein zeitkritisch-erotischer Roman des modernen Afrika.
Aus dem Englischen übertragen und
mit einem Nachwort versehen von Willfried F. Feuser.
Ullstein Taschenbuch (Die Frau in der Literatur, Band 30195) 1987,
262 Seiten

Wie lebt die afrikanische Frau? Ist sie das bedauernswerte Geschöpf, das von früh bis spät schuftet, schon als kleines Mädchen schwere Wassereimer kilometerweit barfuß durch den Busch schleppt, kaum herangereift mit einem Mann verheiratet wird, den es sich nicht ausgesucht hat, den es mit anderen Frauen teilen muss und dem es neben der schweren Arbeit in Haus und Feld noch alle zwei bis drei Jahre ein Kind schenkt? Gewiss, auch dieses Bild der Afrikanerin ist nicht ganz falsch, es hat – wie alle Vorurteile – einen richtigen Kern, aber es ist nur eine Facette jenes millionenfachen Schicksals.

Jagua Nana aber, die Titelheldin eines Romans, der im Nigeria der Sechziger Jahre Furore machte, entspricht ganz gewiss nicht dem Klischee von der unterdrückten Afrikanerin. Sie ist eine emanzipierte Frau, sie nimmt ihre Entscheidungen selbst in die Hand und macht sich nicht abhängig. Nun gut, sie verkauft – oder besser vermietet – zeitweise ihren Körper, aber ist das eigentlich nicht viel weniger schlimm als die Zerrüttung männlicher Körper in Bergwerken, chemischen oder nuklearen Industrieanlagen, in ausbeuterischen Arbeitsverhältnissen? Jagua Nana wird nicht ausgebeutet. Sie ist gesund, schön und reich. Die Männerwelt der nigerianischen Hauptstadt Lagos hat ihr den Ehrentitel „Jagua" in Anlehnung an eine britische Luxuslimousine verliehen, und Jagua Nana sonnt sich in diesem Glanz, Sie erklärt einem jugendlichen Anbeter:

„Du magst mich also? Du magst ne Jagwa-Frau. Ne Jagwa-Frau kostet aber Geld.
Du bist ja noch ein kleiner Junge. Ne Jagwa-Frau ist was für gestandene Männer.

Für Unternehmer und Politbosse. Haste schon mal ne Jagwa mit'm jungen Kerl ge-sehenn, wie du einer bist, der noch nich mal'n Schlips trägt? Ziehst dir einfach Hemd un Hose an, un fertig. Trägst kein Prachtgewand un keine goldene Kette um'n Hals, un trotzdem kommste un sagst, ich will ne Jagwa-Frau. Eins will ich dir sagen, mit Süßholzraspeln isses nich getan. Damit kommste nich an ne Jagwa-Frau ran. Ich hab schon ,nen Jungen, der schöne Worte macht. Du kommst nach Toresschluss, da musste schon was springen lassen."

Der Junge, den Jagua Nana liebt, heißt Freddy. Er ist Lehrer, ein armer Lehrer, versteht sich. Jagua Nana sorgt dafür, dass Freddy nach England studieren gehen kann und dort was richtig Feines wird: Rechtsanwalt. Wenn er dann wie-der zurückkommt, wird er sie nämlich heiraten, das hat er versprochen. Jagua Nana kommt zwar auch gut allein zurecht, aber sie ist eine vorausschauende Frau, und für's Alter wäre ein Ehemann nicht schlecht; der würde ihr dann Respekt verschaffen, wichtig für eine nicht mehr ganz junge Frau, vor allem, wenn er ein angesehener Rechtsanwalt wäre, vielleicht sogar Politiker. Und Jagua Nana muss ans Alter denken, denn sie ist immerhin schon fünfundvier-zig. Das sieht ihr zwar keiner an, vor allen nicht in der schummrigen Beleuchtung der Tropicana-Bar, aber man wird ja nicht jünger. Da denkt man dann doch auch öfter mal an die Familie. Als Freddy nach England abgereist ist, beschließt Jagua Nana deshalb, Urlaub zu machen und ihre Familienbande wie-der fester zu knüpfen. Sie unternimmt eine beschwerliche Reise ins viele hun-dert Kilometer entferte Iboland, wo ihr Vater Pfarrer des Dorfes Ogabu ist.

Mit dieser Rückkehr in die Heimat variiert der Autor Cyprian Ekwensi ein Standardthema der modernen afrikanischen Literatur: meistens ist es ein junger Mann, der nach seiner Ausbildung in der Hauptstadt oder gar in Europa in sein Dorf zurückkehrt, dort den großen Boss spielt, die jungen Leute dadurch ver-leitet, ebenfalls in die Stadt zu gehen, und den Eltern drastisch vor Augen führt, was westliche Kultur ihren Kindern antut: Entfremdung von der Tradition, Hingabe an materielle Werte, Verachtung der Alten und Schwachen. Meistens scheitert dieser junge Mann dann noch in seiner von europäischen Mustern ge-prägten Karriere – so sehen es die afrikanischen Autoren, und leider ist das auch oft die Wirklichkeit. Jagua Nana steht hier als Gegenmodell: Sie ist nicht ent-fremdet; sie wird liebevoll aufgenommen, obwohl auch ihr Leben in der Großstadt nicht den Normen der traditionellen afrikanischen Gesellschaft ent-spricht. Sie trumpft nicht auf, sondern lässt sich in den Schoß der Großfamilie fallen und genießt die Schlichtheit des ländlichen Lebens.

In Ogabu liefen ihr keine Männer nach, es gab niemanden, der ihr Anlass gab, sich besonders wichtig zu nehmen. Hier kannte man sie lediglich als jemanden, der mit den anderen zusammen aufgewachsen war und zu ihnen gehörte. Man sah sie nicht als Reklameschönheit an, der man bloß um des Vergnügens willen nachstellte. Die

Welt war jetzt wieder im Lot. Jagua war guter Dinge. Sie wusch ihr Kleid und sang dabei, dann kehrte sie ans Ufer zurück und begann, sich das Haar zu kämmen. Am Abend tanzten und sangen die Mädchen auf der Lichtung und erzählten Volksmärchen. Der Mond, den sie zuerst flüchtig zwischen den Bäumen erblickt hatte, hing groß und gemütlich am Himmel. Wie viele Jahre war es jetzt schon her, seit sie einmal Zeit gehabt hatte, nachts aufzuschauen und den Mond zu betrachten? In Lagos leuchteten die Straßenlaternen so hell, dass niemand je den Mond wirklich zu Gesicht bekam. Sie gab sich der Muße und dem Wohlgefühl verdienter Entspannung hin. Als sie in der Hütte lag, bedrängte die harte Erde sie mit der Inbrunst eines Liebhabers, aber sie war so müde und so tief im Schlaf versunken, dass sie nichts verspürte.

Gewiss, auch diese Idylle ist ein Klischee, eine winzige Facette des afrikanischen Dorflebens, aber sie ist nicht weniger wahr als alle anderen, und zumindest versteht es der Autor Ekwensi genauso gut wie seine Heldin, das Nützliche aus der jeweiligen Situation herauszuholen.

Jagua Nana vergisst auch im Dorf nicht, dass sie eine Jaguar-Frau ist, und setzt ihre Künste nun auch im Dienste ihrer Leute ein. Sie beendet eine Familienfehde und greift in die Regierungsgeschäfte eines Häuptlings ein. Aber auf dem Höhepunkt ihrer Macht sinkt ihr persönlicher Stern: Freddy hat sich einem jungen Mädchen zugewandt; und auch der Heiratsantrag des Häuptlings scheint nicht ganz ernst gemeint zu sein. Jagua Nanas Bruder Fonso, als typischer Ibo ein erfolgreicher Geschäftsmann, holt sie auf den Boden der Tatsachen zurück. Er stellt seine Schwester dem Sekretär des Händlerinnenverbandes vor und bietet ihr einen Zuschuss an, damit sie ins Geschäft einsteigen kann. Der Sekretär hält ihr eine Einführungsvortrag:

„Sie brauchen die Ware nicht wirklich zu verkaufen. Sie müssen sie nur in Umlauf halten. Sehen Sie zu, dass Sie die Hinterwäldler aus dem finsteren Urwald zum Kaufen animieren. Geben Sie Ihre Ware an Zwischenhändler weiter, die sie dann ins Hinterland verfrachten. Nigeria ist ein großes Land, und Auslauf gibt's genug. Dann bringen Sie uns Ihre Bareinnahmen und nehmen dafür Ware mit, die wieder mehr Geld wert ist. Und so geht's fort. Aber wohlgemerkt, Sie müssen den Markt erforschen und wissen, was Sie absetzen können. Sie müssen immer solche Waren kaufen, die gehen."

Bei diesen Waren handelt es sich wohlgemerkt um europäische oder asiatische Produkte: Emailgeschirr, Sonnenbrillen, Zigaretten und Kleiderstoffe, dazu kommen heutzutage noch Altkleider aus den Sammlungen und andere Sachspenden.

Aber Jagua Nana fühlt sich unwohl als Marktverkäuferin. Und als Tanzmusik aus einem Autoradio sie an die Tropicana-Bar erinnert, da verschleudert sie ihre Ware und kehrt nach Lagos zurück. Ihr neuer Liebhaber ist Parlamentskandidat, und der Zufall will, dass er gegen Freddy kandidiert, der gerade aus England heimgekehrt ist und Jaguas Rivalin Nancy geheiratet hat. Ein Grund mehr für Jagua Nana, ihren jetzigen Liebhaber in seinem Wahlkampf zu unterstützen. Und so gerät sie in die Politik des modernen Nigeria. Sie hält eine Wahlrede vor den Marktfrauen, deren Stimmenpotential die neue Politikergeneration schon entdeckt hat und wirbt für die O.P.2, die Partei ihres Liebhabers. Dabei beschimpft sie die O.P.1, Freddys Partei. Das Interessante an dieser Wahlrede ist, dass sie auch heute noch genau so gehalten werden könnte; ihre Argumentation ist in keinem Punkt veraltet, obwohl die Originalausgabe der Romans 1961 erschien, kurz nach der Entlassung Nigerias in die Unabhängigkeit. Der Weitblick Cyprian Ekwensis, der damals vierzig Jahre alt war und schon eine ganze Reihe von Trivialromanen veröffentlicht hatte, ist erstaunlich. Ekwensi hat übrigens selbst in England studiert, arbeitete später für den nigerianischen Rundfunk und nach der Unabhängigkeit im Informationsministerium. Er gehört zu den produktivsten afrikanischen Autoren und hat später unter anderem auch den Biafrakrieg in dem eindringlichen Roman „Survive the peace" (Den Frieden überleben) thematisiert. 1986 erschien der Roman „Jagua Nanas Daughter" (Jagua Nanas Tochter).

Aber zurück ins Jahr 1961, zu Jagua Nanas Wahlrede vor den Marktfrauen von Lagos:

„Lasst mich zu Ende reden. Ihr seht, mit was für Leuten ihr es zu tun habt. Wenn ihr die O.P.1 wählt, stimmt ihr für Leute, die sich mit eurem Geld prächtige Privathäuser bauen werden. Aber wenn ihr die O.P.2 wählt, die Partei, die ihrer Aufgabe gewachsen ist, dann werdet ihr sehen, dass ihr Frauen nie Steuern zu zahlen braucht. Vergesst das nicht. Die O.P.2 wird für die Erziehung eurer Kinder Sorge tragen. Und die Spitzbuben von der O.P.1? Die schicken ihre eigenen Kinder nach Oxford oder Cambridge, während eure Kinder in Obanla auf die Schule gehen müssen. Noch nicht einmal das: Nein, Obanla ist noch viel zu gut für eure Kinder, in ganz Lagos wird für sie kein Platz mehr sein, wenn die O.P.1 je an die Macht kommt. Man wird sie in die Elendsviertel der Vorstädte schicken ... Und ihr? Ihr werdet weiter auf Grasmatten zu ebener Erde schlafen, während ihre Frauen auf weichen Sprungfedermatratzen ruhen. Ihr werdet eure Waren auf dem Kopf zum Markt tragen, und wenn ihr auf dem Markt sitzt, stechen euch die Moskitos, eure Kinder werden auch von Moskitos gestochen und bekommen Malaria. Aber ihr werdet euch immer wieder damit trösten, dass ihr euer Bestes tut und euch abrackert. Sagt mir, wozu rackert ihr euch ab? Wollt ihr nicht auch etwas vom Leben haben? Samstags werdet ihr ein Hühnchen schlachten und eure Freunde einladen. Ihr werdet die Hüften zur Apala-Musik schwingen und euch weismachen, dass ihr glücklich seid. Aber schaut mal! Das Dach eures Hauses ist undicht, es regnet durch. Die Blechdächer sind vom Rost zerfressen. Eure Kinder in den

Hinterhöfen haben keinen Platz zum Spielen. Als Toilette dient euch ein offener Eimer, der von Kotträgern geleert wird, die dauernd streiken. Der Gestank ist euer ständiger Begleiter ... Könnt ihr so etwas Leben nennen?"

Wer eine afrikanische Großstadt kennt, weiß, dass dies auch heute noch die Lebenswirklichkeit darstellt, egal welche Partei damals oder seitdem jemals eine Wahl gewonnen hat, egal auch, ob es überhaupt Wahlen gegeben hat.

Und so wird die Geschichte um die schöne Jagua Nana unversehens zum gesellschaftskritischen Roman, – zeitkritisch-erotisch nennt ihn der Untertitel des hervorragend übersetzten Taschenbuches. Aber wie geht Jagua Nanas Geschichte weiter? Sie muss noch mancherlei Schmerzliches erleben, ehe sie ihren Platz in der ostnigerianischen Heimat findet. Aber so hart das Schicksal auch zuschlägt, sie ist eine Jaguar-Frau. Sie behält die Zügel in der Hand und entscheidet selbst über ihr Leben: eine der unzähligen Afrikanerinnen, die wir weder bewundern noch verachten sollten, nur respektieren.

5. Afrika interpretieren

Wole Soyinka: Die Ausleger.
Aus dem Englischen von Inga Uffelmann.
Mit einem Nachwort von Eckhard Breitinger.
Walter Verlag 1983, 379 Seiten. Taschenbuchausgabe: dtv 1986

Schon ehe er 1986 mit dem Literatur-Nobelpreis ausgezeichnet wurde, galt Wole Soyinka jahrzehntelang als einer der wichtigsten Autoren Schwarzafrikas. Mit seiner Komödie „The lion and the jewel" („Der Löwe und die Perle"), die 1959 in Ibadan aufgeführt wurde, traf er damals bereits die Stimmung seines Volkes, das in Erwartung seiner Entlassung aus der britischen Kolonialherrschaft seine Traditionen auf den Schild hob und einer authentischen afrikanischen Zukunft entgegen jubelte.

Der Fünfundzwanzigjährige war gerade aus England zurückgekehrt. In Leeds hatte er sein Studium der Anglistik und Theaterwissenschaften abgeschlossen, danach am Londoner Royal Court Theatre praktische Theatererfahrungen sammeln können, mit Hilfe eines Stipendiums für Talente aus den Kolonien. Nun ermöglichte ihm die Rockefeller-Stiftung, in Ibadan, dem Zentrum des westnigerianischen Yorubalandes, nigerianische Dramaturgie zu studieren. Dann bekam er den Auftrag, für die Unabhängigkeitsfeiern 1960 ein Stück zu schreiben. Es wurde auch aufgeführt, entsprach aber so gar nicht den Vorstellungen, die sich die Machthaber von der Arbeit eines Schriftstellers im nachkolonialen Afrika machten. Das Stück „Ein Tanz der Wälder" verherrlichte nicht, wie erwartet, die afrikanische Geschichte, sondern illustrierte eine damals eher enttäuschende Aussage: Auch früher, vor der Kolonialisierung, waren die Menschen nicht besser; es gab nie ein glückliches, idyllisches Afrika, denn Brutalität und Bosheit, Krieg und Unglück beherrschen seit jeher das menschliche Zusammenleben, das keinen Fortschritt kennt.

Damals ahnte der junge Dramaturg, der schon als Schüler Kurzgeschichten schrieb, wohl kaum, wie sehr sein Leben von solchen, seiner Theorie nach unveränderlichen Grundsituationen bestimmt sein würde.

Er gründete eigene Theatertruppen, zuerst die „1960 Masks" in Ibadan, vier Jahre später, während seiner Tätigkeit als Leiter der Englischen Abteilung der Universität Lagos, die „Orisum Theatre Company". Er schrieb und spielte ein Theaterstück nach dem anderen – so auch eine Satire auf die Volksverdummer, die am Strand von Lagos als Heilige predigen („The trials of Brother Jero"); er trat auf internationalen Konferenzen auf und kritisierte nicht nur die neuen Machthaber sondern auch die junge afrikanische Intelligenz, die einzig und allein die koloniale Vergangenheit für Afrikas Schwierigkeiten verantwortlich machte.

Seit 1960 war Soyinka Mitherausgeber einer von zwei Deutschen – Ulli Beier und Janheinz Jahn – gegründeten nigerianischen Literaturzeitschrift mit dem Titel „Black Orpheus".

Deutschland bot sich damals als idealer europäischer Partner Afrikas an. Unbeteiligt, ja sogar etwas schadenfroh, sah man von hier aus dem Gerangel um die Unabhängigkeiten zu. In dem Bewusstsein, selbst nicht betroffen zu sein, konnte man der antikolonialen Literatur sein Ohr leihen. Leopold Sedar Senghor, der mit seiner Theorie der „Negritude" die Rückkehr zu den afrikanischen Quellen forderte, hatte ausdrücklich auf seine Lehrmeister in der deutschen Romantik hingewiesen, ja sogar eine enge Verwandtschaft zwischen der deutschen und der afrikanischen Seele behauptet. Seine 1948 erschienene „Anthologie de la nouvelle poésie nègre et malgache de langue française" war durch Sartres Vorwort mit dem Titel „Orphée noir" in Europa salonfähig geworden. In Deutschland griff Janheinz Jahn Senghors Idee auf: Er sammelte und übersetzte afrikanische und afro-amerikanische Lyrik verschiedener Sprachen. Einer seiner Schwerpunkte war das Yorubaland, von wo aus ihm Ulli Beier, der damals an der Universität Ibadan lehrte, Texte schickte. In Jahns Anthologie „Schwarzer Orpheus" von 1954 – übrigens auch ein Verkaufserfolg – erschienen bereits Gedichte von Wole Soyinka in deutscher Übersetzung.

Die Kultur der Yoruba war damals jedem interessierten Deutschen zugänglich. 1955 erschien das moderne Yoruba-Märchen „Der Palmweintrinker" in einer wunderschönen deutschen Ausgabe im Heidelberger Wolfgang Rothe-Verlag. Sein Autor, Amos Tutuola, stammt wie Soyinka aus der Yorubastadt Abeokuta, hundert Kilometer landeinwärts von Lagos, nicht weit von Ibadan, Ife und Oshogbo, den Zentren einer ausgeprägten Religion und einer eng mit ihr verknüpften Literatur, die nicht nur Singspiele und Preislieder kennt, sondern neben der ganzen Palette afrikanischer Oralliteratur auch eine beachtliche schriftliche Tradition hat. So gab es seit den Zwanziger Jahren des 20. Jahrhunderts ein differenziertes Zeitungswesen und eine Reihe von Gedichten und Erzählungen. Der erste Roman, der in der Sprache der Yoruba geschrieben wurde, erschien 1938; den erfolgreichsten aus dem Jahr 1950 übersetzte Soyinka selbst und versah ihn mit einem Vorwort; der Titel des Romans lautet „Ogboju ode ninu igbo irunmale": „Der kühne Jäger im Wald der vierhundert Götter", geschrieben von Daniel Olorunfemi Fagunwa.

Soyinka hat selbst auch auf yoruba Gedichte geschrieben; dass Englisch die Hauptsprache seines Werkes ist, beschäftigt ihn nicht. Dem Sprachenstreit innerhalb der afrikanischen Staaten, die darunter leiden, dass sie auf die Sprachen der ehemaligen Kolonialherren nicht verzichten können, hat er folgenden Vorschlag beigesteuert: Man möge das relativ leicht zu lernende ostafrikanisch Swahili zur Lingua Franca des Kontinents erklären und alle Literatur in diese Sprache übersetzen. Soyinka ruht so fest in seiner Tradition, dass es ihm nichts ausmacht, eine andere als seine Muttersprache, die ebenfalls zu den weitest verbreiteten Schwarzafrikas gehört, vorzuschlagen. Andererseits aber wurde er zum erklärten Gegner der Negritude. Wie sollte einer, der sich nie von seinen Quellen entfernt hatte, auch nicht während des Studiums in Europa, zu ihnen zurückkehren? Die frankophone Negritude-Lyrik der Entfremdeten und an die Europäer „Assimilierten", die Soyinka in der Zeitschrift „Black Orpheus" selbst seinen Landsleuten vorstellte, – und mehr noch die in Europa so wohlwollend aufgenommene Negritude-Theorie Senghors – das war nicht sein Afrika. Bei einem Schriftstellertreffen in Kampala, Uganda, damals ein intellektuelles Zentrum des anglophonen Afrika, sagte er 1962: „Ein Tiger läuft nicht im Wald herum und proklamiert seine Tigritude: er springt!"

1968 bekam er in Berlin die Gelegenheit, diesen Ausspruch vor europäischem Publikum zu erläutern: „Wenn man vorbeikommt, wo der Tiger war, und man das Skelett der Gazelle sieht, dann weiß man, dass dort einige Tigritude ausgeströmt ist."

Aber lieber als Soyinkas Raubtierbild war den Europäern die staatsmännische frankophile Negritude des senegalesischen Präsidenten, der 1968 mit dem Friedenspreis des Deutschen Buchhandels geehrt wurde. Soyinka, satirisch, ja oft clownesk, verunsicherte das europäische Publikum, dem er sein Yoruba-Pantheon ohne didaktische Aufbereitung vorsetzte. Mit seinen politischen Aktivitäten hatte er sich bereits in seiner Heimat Feinde gemacht.

1965, gerade dreißig Jahre alt und schon ein bekannter Vertreter der kritischen Intelligenz des jungen Staates Nigeria, wurde er verhaftet. Die Anklage lautete: Diebstahl von Tonbändern mit Ansprachen einer politischen Persönlichkeit aus dem Büro der nigerianischen Rundfunkanstalt. Soyinka soll diese Bänder gegen andere ausgetauscht haben, in denen eben diese Persönlichkeit zum Rücktritt aufgefordert wurde. Der Politiker – Chief Akintola – trat nicht zurück; Soyinka kam für drei Monate ins Gefängnis.

Gerade war sein erster Roman „The Interpreters" in London erschienen. Er wurde, zusammen mit Soyinkas Gedichten, mit dem Jock-Campbell-Preis für Commonwhealth-Literatur ausgezeichnet. Dies trug zu der massiven internationalen Unterstützung bei, die Soyinka während seines Gefängnisaufenthaltes zuteil wurde.

„The Interpreters" – etwas irreführend mit „Die Ausleger" übersetzt – gehört in eine Gruppe von westafrikanischen Romanen, die die Ernüchterung schildern, die in den sechziger Jahren sehr schnell auf den Rausch der Unabhängigkeiten folgte. Fünf junge Akademiker verschiedener Fachrichtungen interpretieren die neuen Lebensumstände: Korruption, Schmutz, Nachäfferei westlichen Lebensstils sind schuld, dass die Unabhängigkeit nicht hält, was sie versprochen hat. Nur der Künstler besitzt die Macht, alles zusammen zu halten: Kola, der Maler, vereint seine Freunde auf einem lange versteckt gehaltenen Bild, Symbol für die erstrebte Einheit. Dieses Gemälde ist die umfassendste Interpretation, denn sie reicht bis in die mythologischen Ursprünge der Gesellschaft, deren Umwandlung in einen modernen Staat hier beobachtet wird. Dabei scheint Sagoe, der Journalist, die Rolle des Zynikers zu übernehmen. Sagoe hat eine eigene Philosophie entwickelt, die er „Leerizismus" nennt und die er dem Büroboten Mathias vorträgt:

*„Mit diesem Tag grabsinge ich allen anderen – ismen, vom homöopathischen Marxismus bis zum Existentialismus. Wenn ich hier meine eigene Person einbringe, dann deshalb, weil die Übermittlung meiner Geschichte nicht mehr und nicht weniger ist als die Enthüllung des Wunders meiner philosophischen Entwicklung, handelt es sich hier doch um einen Ritualismus, für den ich keinem anderen Vorläufer zu Dank verpflichtet bin als der gesamten Menschheit selber, handelt es sich hier doch um eine Erkenntnis, für die ich keinen anderen Urgrund anerkennen kann als die unveränderlichen Gesetze der Natur <...>
Funktionell, spirituell, kreativ oder rituell, der Leerizismus bleibt die einzig wahre Philosophie des wahren Egoisten... Leerizismus ist keine Protestbewegung, aber er protestiert; er ist unrevolutionär, aber er revoltiert... Leerizismus ist die letzte auf keiner Karte verzeichnete Fundgrube schöpferischer Kräfte, in seinem Paradoxon liegt der Kern der kreativen Liturgie – in der Freigabe liegt das Erzeugnis..."*

Wer die Schwierigkeiten kennt, in einer afrikanischen Großstadt ein stilles Örtchen zu finden, kann Sagoe nachfühlen, dass er aus diesem Problem eine Philosophie entwickelt, die deutlich macht, dass das moderne städtische Afrika mit ganz anderen Schwierigkeiten zu kämpfen hat als mit den –Ismen der westlichen Nationen. Die abendländische Welt durchzieht diesen Roman als

Forderung, mehr noch: als Bedrohung, die sich im Autounfall des Bildhauers Sekoni konkretisiert. Dieser Aspekt des importierten Fortschrittes liegt Soyinka besonders am Herzen: Er war eine Zeit lang selbst Chef des Straßen-sicherheitskomittees in der Regionalverwaltung. Doch noch ehe es zu dieser tragischen Wende im Roman kommt, haben Sagoe und der Universitätsdozent Bandele Gelegenheit, Soyinkas Ansichten zur Verwestlichung Nigerias in drastischer Weise einer zum Feiern versammelten feinen Gesellschaft vorzutragen. Die Gastgeber bieten alles auf, was von afrikanischer Lebensart so weit wie möglich entfernt ist, und sehen darin Attribute des modernen Upper-Class-Nigerianers, mit denen sie ihren Gästen imponieren wollen. Aber Sagoe und Bandele entlarven dieses Getue:

Das Gesumm aus geistreichen Bemerkungen, affektiertem Gelächter und Leumundsschlächtereien begrüßte sie schon an der Auffahrt, und sie betraten das Haus des Todes <…>

„Ob wir's bis zu den Flaschen schaffen, was meinst du?"

„Moment mal, ich seh schwarze Gesichter – sind das Nigerianer?"

„Das Äußere trügt manchmal, komm."

Unter den Schalen mit Knabberzeug – Erdnüsse, indisches Linsengebäck, Minischaschlik und die unvermeidlichen Oliven – entdeckte Sagoe auch eine Schale mit frischen Früchten. Er stürzte sich darauf und rief: „Zum Teufel mit allem Patriotismus, Bandele, keine Frucht auf der Welt schmeckt besser als der europäische Apfel!"

„Wenn du dich da mal nicht irrst", sagte Bandele, „aber probier's nur."

Als Sagoe zurückkam, schäumte er vor Wut: „Wozu, verdammt noch mal, braucht man in diesem Land Plastikfrüchte?"

Es gelingt den beiden, ihre Gastgeber so zu provozieren, dass man sie hinaus wirft. Sagoe, Bandele und ihre Freunde verkörpern die „Tigritude", wie Soyinka sie der „Négritude" Senghors, Césaires und anderer frankophoner Dichter entgegenhielt. In diesem Sinn ist sein erster Roman ein gewaltiger Tigersprung. Wer sich auf die Erlebnisse, Diskussionen und Gedanken dieser fünf nigerianischen „Interpreten" einlässt, dem wird auch vieles verständlicher werden, was sich im heutigen Nigeria abspielt und was uns hierzulande meist nur durch europäische Interpretationsmuster verschleiert gezeigt wird.

Abdoulaye Mané · Senegal · Presque forêt

Godfrey Setti · Zambia · Siawouga turn off

Godfrey Setti · Zambia · Making the day

Godfrey Setti · Zambia · Mwatar take off

6. Und immer wieder: Märchen und Sagen

Bernard B. Dadié: Das Krokodil und der Königsfischer.
Afrikanische Märchen und Sagen.
Aus dem Französischen von Klaus Möckel.
Illustriert von Irmhild und Hilmar Proft.
Vulk und Welt 1977, Walter Verlag „Dialog Afrika" 1979, 121 Seiten

*In jener Zeit war dem Königsfischer die Luft zugewiesen, dem Krokodil das Wasser,
und alles ging gut. Man kannte weder Botschaften noch Botschafter, weder
Diplomaten noch Verträge, weder Zeitschriften noch Pulver und Truppen. Die
Kreaturen lebten brüderlich zusammen. Sie richteten sich nicht nach Formen und
Feinheiten, nach Position und Vermögen. Die Kreatur allein zählte und wurde be-
handelt, wie man selbst behandelt werden wollte.*

Paradiesische Zeiten sind es, die da beschworen werden, nicht weniger paradie-
sisch als die gute alte heile Welt, in die uns seit Kinderzeiten die Zauberworte
„Es war einmal" entführten. Zwar lauern Hexen und Teufel, böse Drachen und
Menschen fressende Ungeheuer auf Schritt und Tritt, aber das Gute siegt; alles
kommt wieder in Ordnung; so muss es jedenfalls sein, wenn uns das Märchen
nicht enttäuschen soll.
     Bei Bernard Dadié, dem Schriftsteller und Kulturpolitiker von der
Elfenbeinküste, ist das alles nicht ganz so einfach. Zwar treten auch in seinem
Märchenbuch all die Tiere und Menschen auf, deren Typen die afrikanische
Folklore entwickelt hat und die auch bei uns bekannt sind: der königliche
Löwe, der listige Affe und der stolze Elefant, die heimtückische Spinne und der
treue Hund, sowie aus dem Menschenreich: mächtige Könige und schöne
Prinzessinnen, böse Stiefmütter und tapfere Waisenkinder. Aber Dadié begnügt
sich nicht damit, die überlieferten Geschichten, in denen seine Figuren agieren,
niederzuschreiben; er erzählt sie neu und flicht dabei die Probleme und
Hoffnungen unserer Zeit hinein. Der Konflikt zwischen Krokodil und
Königsfischer, zum Beispiel, bleibt ungelöst, denn der weise Löwe, König und
Richter der Tiere, versagt: geschwächt von zahllosen Bußübungen, mit denen er
das Ende der Trockenheit herbei zu zwingen versucht, kann er sich keine
Autorität mehr verschaffen.

*Königsfischer konnte das Fischen nicht lassen. Deshalb sehen wir ihn noch heute
über den Flüssen und Lagunen kreisen.*
     *Die Vögel entthronten ihn und wählten den Adler zum König, aber der Adler
fing gleichfalls zu fischen an.*
     *Seither suchen die Vögel einen König, der sie mit den Bewohnern des Wassers
versöhnen soll.*

In gewissen Kreisen erzählt man, dass der Mensch für dieses Amt gute Aussichten hat.

Man kann annehmen, dass Bernard Dadié, den die Politik schon ins Gefängnis, aber auch in hohe Staatsposten gebracht hat, von dieser Lösung nicht besonders viel hält, denn in den meisten seiner sechzehn Geschichten kommt der Mensch im allgemeinen nicht gut weg. Da ist zum Beispiel die Geschichte „Das Geständnis". Sie erinnert an ein deutsches Märchen, das in der Sammlung der Brüder Grimm unter dem Titel „Die klare Sonne bringt's an den Tag" zu finden ist. Beide Male geht es darum, dass einem Mörder von seinem Opfer bei dessen letzten Atemzug prophezeit wird, die Sonne werde das Verbrechen an den Tag bringen. Beide Male verrät sich der Bösewicht selber gegenüber seiner Frau. Aber während in der Grimm'schen Fassung der Mörder tatsächlich vor Gericht kommt, heißt es bei Dadié:

Der Wind flüsterte das Geständnis einer Schwalbe zu, die zu ihrem Nest flog. Die Schwalbe vertraute die Neuigkeit der Palme an, auf der die Webervögel schlummerten. Der Papagei überraschte sie beim Gespräch. Er schloss die ganze Nacht kein Auge, war nur damit beschäftigt, sein Lästermaul zu gebrauchen. Der Wind und die Schwalbe setzten ihren Weg fort, aber die Webervögel legten die Platte am nächsten Morgen wieder auf. Es war kein großes ununterbrochenes Gemurmel und Gemunkel mehr, sondern eine Art Klagelied, in dem die Worte: Fackel, Bad, Gewehr, Diebstahl, Frau, Usurpation, Thron, Mörder wiederkehrten. Der Uhu, vom Tageslicht überrascht und blind, sprach die Dinge im Zorn so aus, wie sie waren.
Danach erfuhren die Menschen vom Verbrechen des hochgestellten Aka.
Meint ihr, dass sie der Enthüllung Glauben schenkten?
– Warum denn nicht?
Ihr irrt euch. Sie klagten die Vögel der Tollheit an, weil Aka stark, mächtig, groß und reich war.

Überhaupt tauchen da etliche bekannte Märchenmotive auf, deren afrikanische Abwandlung sich um so reizvoller liest, wenn man die Hausmärchen der Gebrüder Grimm noch im Ohr hat. Wer erinnert sich nicht an die Verse „Ach wie gut, dass niemand weiß, dass ich Rumpelstilzchen heiß"? Die Wichtigkeit des Namens, aus der heraus im Märchen vom Rumpelstilzchen die Handlung entwickelt wird, ist den Afrikanern etwas ganz geläufiges. In der traditionellen afrikanischen Gesellschaft bekommt ein Kind bei der Geburt nur einen vorläufigen Namen; im Lauf der Jahre kann es sich selber den Namen, der zu ihm passt, erwerben. Wer den Namen eines Menschen kennt, weiß also auch etwas über seinen Charakter oder seine besonderen Fähigkeiten und Interessen, denn der Name hat immer eine Bedeutung. Die haben unsere europäischen Namen zwar auch, aber diese Bedeutung ist meistens nicht mehr bewusst und vor allem nicht maßgeblich bei der Benennung der Kinder. In Dadiés Märchen „Die Straße" will ein Vater seine Tochter nur an denjenigen verheiraten, der ihren Namen kennt. Und dieses Mädchen, dessen Namen geheim gehalten wird, ist nicht irgendwer: es ist immerhin die jüngste Tochter Gottes, die Schönste unter den Schönen…

Zwei lange, sehr lange Jahre hindurch drängten sich die Freier Tag und Nacht auf der geraden, geraden und langen Straße, die glatt wie ein Spiegel war. Sie kamen, gingen, kreuzten einer den Weg des anderen, kamen und gingen wieder davon. Und keiner hatte noch den Namen der jüngsten Tochter Gottes gewusst. Der Affe, das Kapuzineräffchen mit seinem Bocksbärtchen, der Elefant, die Boa, Löwe, der Panther, der Tiger, das Heimchen, die Heuschrecke, die Ameise, der Hase, der Fuchs, alle Tiere fanden sich ein. Alles, was die Erde bevölkerte, war da <...>. Und keins von allen Wesen hatte in diesen langen zwei Jahren den Namen der jüngsten Tochter Gottes zu sagen gewusst.

Und wer bekommt den Namen heraus? Wer wird Gottes Schwiegersohn? Die listige Spinne, das schlaueste Wesen unter den Tieren der afrikanischen Fabel schafft es: die Spinne bezirzt mit ihrer magischen Trommel und ihren Tanzkünsten die Straße, jene gerade, glatte Straße, die alle Geheimnisse kennt und schließlich der Spinne den Namen der jüngsten Tochter Gottes verrät. Gott verheiratet seine Tochter mit Herrn Spinne, aber die verräterische Straße muss es büßen:

Die Augen Gottes schleuderten jetzt Flammen. Die Straße, sie streckte sich gerade, lang und glatt wie ein Spiegel hin. Gott wandte seine Blicke ihr zu. Und die Straße erbebte unter ihnen. Man sah, wie sie sich bewegte, als wollte sie tanzen, wie sie kürzer wurde, welliger, sich krümmte, zusammenrollte, sich vervielfachte, stieg, kletterte, sich senkte, um Bäume, Schluchten, Berge herumlief, sich schraubte und wand, Gässchen wurde, Pfad, Weg, Sackgasse, dahinholperte, bucklig, dornig, schwer begehbar… Gott hatte die Straße bestraft.
Und seither weint sie jeden Morgen, die Straße. Die Gräser, die ihr das Licht nehmen, bewegen die Köpfe und lassen Tränen fallen, die die Sonne trocknet, je höher sie steigt. Ihr Menschen sagt, dass es Tautropfen sind. Niemals! Es sind die Tränen der Straße, die ihre Geschwätzigkeit beweint.

Viele Märchen und Legenden werden erzählt, um für bestimmte Dinge und Erscheinungen unserer Welt eine Erklärung zu geben: man nennt sie „aitiologische" Märchen. Bei den aitiologischen Märchen kommt es weniger auf die Wahrscheinlichkeit einer solchen Erklärung an als vielmehr auf die kunstvolle Schilderung. So erklärt uns Bernard Dadié, wie der Rauch entstanden ist, wer sich eigentlich in der Seerose verbirgt und wie der Tod in die Welt kam. Er erzählt die bekannte westafrikanische Mythe neu, nach der eine Frau durch wilde Schläge mit ihrem Stößel den Himmel von der Erde trennte, wodurch auch Gottes Wohnung so weit von den Menschen entfernt wurde, dass sie ihn nicht mehr erreichen können und seit jener Zeit für ihren Lebensunterhalt arbeiten müssen.

Und wir finden die berühmte Legende über ein Volk der Elfenbeinküste, dessen Name „Baule" bedeutet: „Das Kind ist tot".

Märchenliebhaber und -kenner werden in diesem Buch wenig völlig Neues finden. Aber alle sechzehn Geschichten sind reizvoll, manchmal leicht ironisch erzählt; sie sind von Klaus Möckel ausgezeichnet übersetzt, so dass auch im Deutschen die rhythmischen Wiederholungen, die unbedingt zur Form der mündlich überlieferten Literatur gehören, erhalten bleiben, ohne penetrant und künstlich zu wirken. Zudem ist das großformatige Buch mit zahlreichen, meist ganzseitigen Illustrationen von Irmhild und Hilmar Proft geschmückt: Diese Bilder sind eine wahre Augenweide, farbkräftig, märchenhaft versponnen und doch naturalistisch genug, dass man den Bezug erkennt.

7. Wie ein Weizenkorn in der Erde

Ngugi wa Thiong'o: Freiheit mit gesenktem Kopf.
Deutsch von Klaus Schulz.
Walter Verlag „Dialog Afrika" 1979, 384 Seiten

Dieses Buch führt uns ins kenianische Hochland, in das Dorf Thabai. Es ist Dezember 1963, man bereitet die Unabhängigkeitsfeiern vor. Der jahrzehntelange Widerstand der Kikuyu gegen die Kolonialmacht hat endlich zum Erfolg geführt: Der englische Gouverneur reist ab. Die Aufständischen verlassen die Wälder und ihr geistiger Führer Jomo Kenyatta kann offiziell die Regierungsmacht übernehmen.

Aber der Triumph schmeckt bitter: zu lange hat die Guerrilla gedauert, zu viele Menschen sind verletzt, gefoltert, getötet worden. In dem Roman „Freiheit mit gesenktem Kopf" von Ngugi wa Thiong'o nehmen einige von ihnen Gestalt an: Männer und Frauen aus Thabai, die in Rückblenden versuchen, ihre Vergangenheit zu bewältigen.

Da ist Karanja, der Kollaborateur, der sich, um seine Haut zu retten, zwischen alle Stühle setzt: Der weiße Gouverneur verachtet ihn wegen seiner Unterwürfigkeit; die Bürger von Thabai hassen ihn, weil der Gouverneur ihn als Bürgermeister eingesetzt hat (in der deutschen Übersetzung – einer Lizenzausgabe des DDR-Verlages Volk und Welt – steht leider noch der kolonialistische Begriff „Häuptling").

Da ist Mumbi, die Frau, um die Karanja geworben hat und die dann doch seinen Nebenbuhler Gikony heiratete; auch als Gikonyo in Lagerhaft ist, bleibt

Mumbi ihm treu, obwohl Karanja ihr in der schweren Zeit hilft und sie und ihre Schwiegermutter auch mit Lebensmitteln versorgt, die Mumbi heimlich und mit schlechtem Gewissen annimmt. Dann aber gelingt es Karanja doch, sie zu überrumpeln: Als er ihr Gikonyos Heimkehr ankündigt, bricht Mumbis Widerstand zusammen. Ein Jahr später kommt Gikonyo tatsächlich nach Hause, da trägt Mumbi Karanjas Kind auf dem Rücken und für Gikonyo bricht eine Welt zusammen, denn nur der Gedanke an Mumbi hat ihn sechs Jahre Folter und Zwangsarbeit überstehen lassen.

Sie mussten in einem acht Kilometer von Yala entfernten Steinbruch arbeiten. Aus den Steinen wurden die Häuser für neue Beamte und Wachleute gebaut. Das Lager von Yala wurde vergrößert. Mehr Häftlinge trafen ein, sie stellten den einzigen Kontakt mit der Außenwelt dar. Bikonyo und die anderen marschierten durch den heißen Sand einer Ebene, die hier und da mit Kaktusbüschen und kleinen blattlosen, dornigen Bäumen bewachsen war. Gikonyo arbeitete mit einem schweren Hammer, er hob ihn, schlug zu, bis er in einen mechanischen Rhythmus verfiel. Es war heiß. Der Schweiß floss in Strömen und klebte ihm das Hemd am Körper fest. Das völlig flache Land erstreckte sich weit, von den Bergen bis hin zur Küste, und verschwamm in einem grauen Schimmer. Plötzlich kam ihm die Erinnerung, die ihn in eine andere Welt versetzte, weit fort von dem Steinbruch und dem Yalaland. Bald nachdem er Mumbi geheiratet hatte, wollte er ihr ein Geschenk machen, eine Schöpfung seiner eigenen Hände. Er hatte an viele Dinge gedacht, die er für sie anfertigen könnte, aber er hatte sich für keine entscheiden können. Eines Tages hörte er, wie sich Wangari und Mumbi über die althergebrachten Kikuyuhocker unterhielten. „Heutzutage gibt es keine Holzschnitzer mehr", sagte Wangari, „man kriegt nur noch Stühle und Sitze, die mit Nägeln zusammengezimmert werden." Sofort nahm Gikonyo sich vor, einen Hocker zu schnitzen, einen, der anders war als die übrigen. Ein ganzes Jahr hatte ihn immer wieder das Verlangen gepackt, mit der Arbeit am Hocker anzufangen, aber er hatte nie einen guten Einfall gehabt. Jetzt, hier im Steinbruch, dachte er plötzlich wieder an den Hocker und überlegte sich die verschiedensten Muster.

Gikonyo kann den Anblick seiner einst geliebten Frau, die das Kind eines anderen stillt, nicht ertragen. Er zieht sich ganz in eine Zimmermannsarbeit zurück; nur seinem Freund Mugo schüttet er sein Herz aus. Aber auch Mugo hat eine Vergangenheit zu bewältigen. Er, der allein lebende, in sich gekehrte Kleinbauer gilt in Thabai als Widerstandsheld: Er hat öffentlich der Kolonialmacht getrotzt und sich auch im Konzentrationslager für die Menschenwürde der Häftlinge eingesetzt. Aber vor allem hatte er, ehe er ins Lager kam, den Guerrilla-Führer Kihika bei sich versteckt, nachdem dieser den britischen Distriktbeamten Robson erschossen hatte. Die Figur Kihikas erinnert – obwohl der Autor ausdrücklich jede Ähnlichkeit mit historischen Persönlichkeiten ab-

streitet – an Dedan Kimathi, den Kommandanten der kenianischen Freiheits-
armee, der 1957 öffentlich gehängt wurde.

In dem Roman „Freiheit mit gesenktem Kopf" ist Kihika Mumbis Bruder.
Er ist der Märtyrer aus dem Dorf Thabai, dessen Tod am Unabhängkeitstag ge-
rächt werden muss; denn es steht fest, dass jemand aus Thabai ihn verraten hat.
Mugo, der Kihika als letzter gesehen hat, soll die Festrede zu Ehren von Kihika
halten. Aber Mugo kann dieser Bitte nicht nachkommen. Zu schmerzhaft sind
seine eigenen Erinnerungen an die Mau-Mau-Guerrilla, in die er hineingezogen
wurde, an Kihikas Vertrauen, das ihn verwirrte, und vor allem an einen merk-
würdigen Tag im Mai 1955, an dem er sich – wie immer zur Stunde der heiße-
sten Sonnenglut – am Rand seines Feldes ausgestreckt hatte:

Mugo legte sich in den Schatten eines Rhinzinusbaumes, ihn durchdrang jene
grenzenlose Zufriedenheit, die man während der Mittagsrast nach schwerer Arbeit
empfindet. Wie immer in jener Zeit, wenn er auf dem Rücken lag und ausruhte,
hörte er Stimmen, und sie sagten zu ihm: Mit dir geschieht noch etwas. Er schloss
die Augen und spürte, ja berührte förmlich jenes Ding, dessen Form so ver-
schwommen und doch so schön war. Er ließ sich von der sanften Stimme in ferne
Länder und vergangene Zeiten locken. Auch Moses war allein, wenn er die
Schafherde seines Schwiegervaters Jethro hütete. Un er trieb die Herde hinter die
Wüste und kam an den Berg Gottes, Horeb. Und der Engel des Herrn erschien ihm
in einer feurigen Flamme aus dem Busch. Und Gott sprach zu ihm mit leiser
Stimme: Moses, Moses. Und Mugo rief: „Hier bin ich, Herr." – Immer, wenn er
später an diesen Tag dachte, wusste er, dass es der Höhepunkt seines Lebens gewe-
sen war. Denn eine Woche später wurde der Distriktsbeamte Robson erschossen,
und Kihika trat in sein Leben.

Hier wie an vielen anderen Stellen zeigt sich die Bedeutung der Bibel für Ngugi
wa Thiong'o. Auch das Motto des Romans, dessen Titel im 1967 erschienenen
Original „A grain of wheat" heißt, ist ein Zitat aus dem 1. Korintherbrief:

Du Narr, was du säest, wird nicht lebendig, es sterbe denn. Denn was du säest, ist
ja nicht der Leib, der werden soll, sondern ein bloßes Korn, etwa Weizen, oder der
anderen eines.

Ngugi, der seine ersten Romane noch unter seinem christlich-europäischen
Vornamen James veröffentlichte, sagt zur Rolle der Bibel in seinen Werken in
einem Interview mit der Wochenzeitung „Die Zeit" vom 11. Mai 1979 – dem
ersten Interview übrigens, das er nach seiner eigenen einjährigen Haftzeit gab – :

„Das Christentum war Teil des Kultur-Imperialismus. Für viele Kenianer war das
einzig verfügbare Buch in ihren Nationalsprachen die Bibel. Mit anderen Worten:

die Bibel war für die meisten von uns die einzige Literatur in unserer Nationalsprache, oder doch in den Sprachen der vielen Nationalitäten, die das moderne Kenia ausmachen. Deshalb sind biblische Geschichten den Kenianern wie den meisten afrikanischen Schriftstellern gut bekannt."

Die Guerilleros kämpfen bei Ngugi mit der Bibel im Gepäck. Im Motto zum letzten Kapitel erscheint erneut das Weizenkorn, diesmal aus Johannes 12,24 – ein in Kihikas Bibel rot unterstrichener Vers:

Wahrlich, wahrlich ich sage euch: Es sei denn, dass das Weizenkorn in die Erde falle und ersterbe, so bleibt's allein; wo es aber erstirbt, so bringt es viele Früchte.

Die Früchte des Widerstands werden geerntet: Der 12. Dezember 1963, Tag der Unabhängigkeit Kenias, bricht an, die neue Nationalfahne wird gehisst. Die drei Hauptpersonen des Buches sind nicht dabei, als der Festredner mit der Kolonialmacht abrechnet und den Verräter Kihikas zur öffentlichen Reue auffordert: Mumbi hat Karanja – den alle im Verdacht haben – eine Warnung geschickt; Mugo hat sich geweigert, sein Ansehen in die Waagschale zu werfen; Gikonyo schließlich hat sich am Vormittag bei einem Wettlauf den Arm gebrochen und liegt im Krankenhaus.

Wird Thabai seinen Märtyrer Kihika rächen? Oder werden Misstrauen und Feindseligkeit aus der Kolonialzeit mit in die junge Republik hinüber genommen? Wir wollen die Auflösung, die Ngugi wa Thiong' für seine Hauptpersonen in der Stunde Null bereit hält, nicht vorwegnehmen, denn es ist ein spannendes Buch, das auch für deutsche Leser noch spannender und lesbarer sein könnte, wenn der Verlag die phantasielose, am englischen Original klebende Übersetzung geglättet hätte.

8. In einem afrikanischen Königreich

Bessie Head: Maru. Roman.
Aus dem Englischen und mit einem Nachwort von Gisela Feurle und Detlev Gohrbandt.
Lamuv Taschenbuch 234, 1998, 186 Seiten

Maru, das ist nicht die hübsche Afrikanerin mit den gesenkten melancholischen Augen und den großen Ohrringen, deren Foto den Titel ziert und wohl eher die Taschenbuchreihe BLACK WOMEN illustrieren soll als diesen speziellen Roman. Maru ist nämlich ein junger Mann: der Sohn des Häuptlings von Dilepe in Botswana, der nach dem Tod seines Vaters die Herrscherrolle übernehmen muss. Darüber ist Maru gar nicht froh, denn er hat seinen Platz in der Welt noch nicht gefunden. Er läuft den Mädchen des Dorfes hinterher, genießt seinen Reichtum – die Viehherden, die von seinen Sklaven gehütet werden – und die Achtung, die ihm die Menschen entgegenbringen. Wie er sie regieren soll, das ist ihm noch nicht klar. Aber Maru ist auch ein Zauberer, einer, der die Menschen durchschaut, ihre Träume steuert und seine eigenen Visionen hat.

Er blickte zum tiefen Horizont, wo der Sturm brütete. Die Dornbüsche wurden im dunkler werdenden Licht schwarz, und eine plötzliche Brise bewegte das verdorrte, weiße Gras. … Hier konnte er sich frei austauschen mit allem Zauber und aller Schönheit, die in ihm selbst wohnten. Es hatte in seinem Leben nie eine Zeit gegeben, da er nicht einen Gedanken gedacht und sofort gespürt hatte, dass er mit dem tiefen Mittelpunkt der Erde verbunden war und dann wieder verbunden war mit seinem Herzen, mit einer Antwort. Früher war die Stille, in der er sich sammelte, um die Antwort zu hören, immer von den Menschen gestört worden. Er fand die Menschen schrecklich, weil sie sich einbildeten, dass ihre Worte und Taten verborgen blieben, und dabei konnte er alles sehen und hören, selbst die Bahnen ihres Blutes und das Klopfen ihrer Herzen. Wenn sie alles wüssten, was er wusste, hätten sie ihn dann nicht schon lange in Fetzen zerrissen, um die Welt so zu erhalten, wie sie war, als einen Ort, an dem die Geheimnisse und das Böse den gleichen Namen trugen? Seine Vision einer neuen Welt war es, die allmählich einem Traum die Herrschaft über sein Leben verlieh.

Maru diskutiert seine Träume und Visionen manchmal mit seinem Freund Moleka. Die beiden seien unzertrennlich, behaupten die Dorfleute, ja, meistens seien sie sogar in dasselbe Mädchen verliebt, was natürlich zu Spannungen führt. Maru ist der König, aber auch Moleka regiert über ein Reich: Moleka ist die Sonne, deren Energie Marus Reich belebt, deren grellem Licht man in Afrika aber lieber aus dem Weg geht; Maru ist der Mond, dessen sanfte Harmonie das Leben freundlich macht und dessen Schein jeder sucht. Wo Maru träumt, handelt Moleka. Er gilt deshalb als arrogant und gewalttätig, während Maru geduldig und sanft ist. Maru wünscht sich eine Welt voller Gerechtigkeit, Liebe und Gleichheit unter den Menschen, aber er lässt seine Sklaven auf der bloßen Erde schlafen. Moleka dagegen behandelt seine Sklaven wie Familienmitglieder und isst mit ihnen an einem Tisch. Er hat ein Herz aus Gold – jedenfalls behauptet das Marus Schwester Dikeledi, die seit langem schon in Moleka verliebt ist und unter seiner Schürzenjägerei leidet. Dikeledi hat in England studiert und unterrichtet die Kinder der Dorfschule, obwohl sie das als Häuptlingstochter gar nicht nötig hätte. Dikeledi bezahlt ihren Sklaven, die sie aus dem Haushalt ihres Vaters übernommen hat, sogar einen regelmäßigen Lohn. Auch sie regiert ein Königreich:

Dikeledis Königreich glich dem der Erde und deren tiefem Kern, der das Licht und die Strahlungen von Milliarden Sonnen und Planeten aufsog und unablässig träumte und brütete und das Leben in einem ewigen Kreislauf neu erschuf. Moleka muß sich den Kopf gekratzt und vor sich hingelächelt haben. Wenigstens war er auf etwas gestoßen, daß die strahlende Energie seines eigenen Königreiches auf das Wahrhaftigste ergänzte. Trotzdem fühlte er sich betrogen und verwirrt.

Verwirrt hat ihn Margaret, die neue Lehrerin, eine schüchterne junge Frau mit heller Haut, chinesischen Augen und englischen Akzent. Margaret Cadmore steigt zu Beginn des neuen Schuljahres aus dem Bus und wird von ihrer Kollegin Dikeledi in Empfang genommen und in der ehemaligen Bücherei untergebracht. Dikeledi bittet Moleka, ein Bett für Margaret zu beschaffen, und als Moleka und Margaret einander gegenüberstehen, macht es in beider Herzen „Peng!" Für Margaret ist Moleka der schönste Mensch auf Erden; sie sieht hinter seinen Augen den blendenden Lichtbogen seines Sonnenreiches und als er geht, weiß sie, dass sie nicht mehr einsam ist. Und Moleka?

Jetzt, da er alleine war, hob er langsam die Hand an sein Herz. Wie war das? Etwas hatte in seiner Brust „Peng!" gemacht, und im gleichen Augenblick hatte die Frau ihre Hand an ihr Herz gehoben. Er hatte noch nie zuvor etwas ähnliches empfunden. Wenn er jemals eine Frau geliebt hatte, dann war es Dikeledi, und selbst sie hatte das Blut in seinen Adern nur zum Sieden gebracht durch die Art, wie sie ihre Röcke trug und deutlich die Bewegung ihrer Schenkel verriet. Mit Dikeledi war das eine Sache des Blutes in seinen Adern. Und was war jetzt? Es war ihm, als hätte er in seinem Inneren eine Goldgrube entdeckt, von der er vorher gar nichts gewusst hatte.

Der Roman könnte also einfach eine schöne Liebesgeschichte sein. Aber wer die Autorin Bessie Head kennt – mehrere ihrer Bücher liegen bereits in deutscher Sprache vor – der weiß, dass sie ein anderes Anliegen hat. Bessie Head wurde nämlich in Südafrika geboren, als Tochter eines schwarzen Mannes und einer weißen Frau. Ihre Mutter starb im Irrenhaus – nach herrschender Auffassung im Apartheidstaat konnte eine Weiße, die sich mit einem Farbigen einlässt, nur verrückt sein – der Vater war unauffindbar. Bessie Head verbrachte ihre Kindheit bei farbigen Adoptiveltern und im Heim, wurde Lehrerin und floh nach unerträglichen Schikanen durch Polizei und Geheimdienst 1964 nach Botswana, wo sie an der Entwicklung einer ländlichen Region mitarbeitete und Gemüse anbaute. Schon in Südafrika hatte sie für Zeitungen geschrieben, in Botswana begann ihre kreative Karriere mit erfolgreichen Romanen und Kurzgeschichten, sowie historischen Arbeiten. 1979 war Bessie Head Gast des Berliner Afrika-Festivals.

Der Roman „Maru", den sie selbst ihr Lieblingswerk nannte, erschien schon 1971 und wurde ein Jahr später in der Taschenbuchreihe „African

Writers Series" des Heinemann Verlags nachgedruckt. Auf dem Umschlag dieser Ausgabe ist eine junge Frau abgebildet, die so aussieht, wie man sich Margaret vorstellen muss. Das ist wichtig, denn das Aussehen ist ja der Auslöser für rassistisches Handeln. Und es geht, wie es bei einer farbigen südafrikanischen Autorin gar nicht anders möglich ist, um Rassismus. Und doch hat Bessie Head ihrer Protagonistin Margaret Cadmore nur geringe Teile ihrer Biographie gegeben, zum Beispiel den Namen: eine Lehrerin der Autorin hieß so. Margaret Cadmore, die man in Dilepe zunächst wegen ihrer hellen Haut und ihres britischen Namens für eine Europäerin hält, ist nämlich eine Angehörige des Buschmannvolkes, das in Afrika ganz unten auf der sozialen Leiter rangiert. Buschmänner sind die Sklaven, die Marus Herde hüten, Molekas Anwesen in Ordnung halten und Dikeledis Haushalt versorgen. Sie waren schon verhasst, ehe der weiße Mann den Rassismus gesetzlich installierte.

Und wenn der weiße Mann die Asiaten für eine dreckige, niedrige Nation hielt, dann konnten die Asiaten immer noch erleichtert lächeln – wenigstens waren sie keine Afrikaner. Und wenn der weiße Mann die Afrikaner für eine dreckige, niedrige Nation hielt, dann konnten die Afrikaner im südlichen Afrika immer noch lächeln – wenigstens waren sie keine Buschmänner. Jeder hat seine Ungeheuer…In Botswana heißt es: Zebras, Löwen, Büffel und Buschmänner leben in der Kalahari-Wüste. Wenn du ein Zebra fangen kannst, darfst du vor es treten, ihm mit Gewalt das Maul aufreißen und seine Zähne untersuchen. Dem Zebra macht das angeblich nichts aus, denn es ist ein Tier. Wissenschaftler machen das gleiche mit Buschmännern, denen es angeblich nichts ausmacht, denn sie können sich zu niemandem umdrehen und sagen: „Wenigstens bin ich kein…" Von allen Dingen, die man unterdrückten Menschen nachsagt, werden die schlimmsten den Buschmännern nachgesagt und angetan.

Margaret verdankt ihren Namen und ihre Ausbildung einer Missionarin, die sie bei ihrer toten Mutter fand und zu sich nahm, um die Bildungsfähigkeit des Buschmannbabys zu testen. Es wäre ein leichtes für sie, das höhere soziale Prestige eines Mischlings für sich in Anspruch zu nehmen, aber Margaret steht zu ihrer Identität. Sie erzählt bereitwillig ihre Lebensgeschichte und zeigt die Zeichnung, die die Missionarin von ihrer toten Mutter gemacht hat. Damit bringt sie die Eltern ihrer Schüler und vor allem die Schulleitung gegen sich auf und stellt die Großzügigkeit ihrer neu gewonnenen Freunde auf den Prüfstand. Maru, dessen Visionen einer Welt der Gleichheit noch nicht so weit reichen, dass er sich Buschmänner anders als auf der bloßen Erde schlafend vorstellen kann, verlangt von Moleka, das an die junge Lehrerin ausgeliehene Bett zurückzuholen. Und Margaret ahnt, dass derjenige, den sie für sich gewinnen muss, nicht der Schulleiter und nicht Moleka ist, sondern Maru, der künftige Häuptling, der Zauberer. Denn auch Maru versteht in dem Augenblick, als er

Margaret zum ersten Mal sieht, dass sich die Dinge in seinem Reich nun ändern müssen. Seine Schwester Dikeledi, die mit ansehen musste, wie sich Moleka in ihre neue Freundin verliebt, und die um Margarets künstlerische Begabung weiß, bringt ihr Farben und Papier. So malt nun die Buschmannfrau in der Tradition ihres Volkes, dessen Felsmalereien berühmt sind, Bilder, deren Motive ihr Maru eingibt. Über die Kunst, die für Margaret genauso ein schmerzhafter Prozess ist, wie ihn Maru durchlebt, um seine Entscheidung zu treffen, finden die beiden zueinander.

Dikeledi nahm das letzte Bild in die Hand. Der Umriss war ganz deutlich, obwohl die Gesichter und Arme und Körper schwarz ausgefüllt waren. Ihr Blick ging den Umrissen der größeren Gestalt nach, dann hob sie die Hand zum Mund, um einen Ausruf des Erstaunens zu unterdrücken. Es war unverkennbar die Silhouette ihres Bruders Maru.

Vielleicht kann jemand, der den südafrikanischen Rassismus so brutal erlebt hat wie Bessie Head, sich ein Überschreiten der Rassenschranken nur mit Hilfe der Zauberei denken. Jedenfalls war für sie ein Leben in Gleichheit für alle nur unter Verzicht auf Macht denkbar. Maru wird deshalb das Amt seines Vaters nicht antreten. Er wird sein Reich nur mit der Frau teilen, die er liebt. Das ist natürlich nicht seine Privatsache, sondern ein eminent politischer Akt, in dem Bessie Head die südafrikanische Entwicklung vorausahnt, die sie nicht mehr erlebt hat. Sie starb 1986 im Alter von 48 Jahren an Hepatitis.

Ihr Roman „Maru" verbindet Irrungen und Wirrungen der Liebe, magische Elemente traditionellen afrikanischen Denkens mit Schilderungen des Alltags in einem botswanischen Dorf und einem klaren emanzipatorischen Auftrag. Die deutsche Übersetzung gibt den poetischen Stil sehr gut wieder, so dass auch für sie gelten kann, was der südafrikanische Dichter Lewis Nkosi seinerzeit über diesen Roman sagte: er sei nämlich „ein Stück Prosa, so vollkommen wie in der zeitgenössischen Literatur Afrikas irgend möglich".

Diese Vollkommenheit zeigt sich auch in der Struktur des Romans: Dadurch, dass das Happy End bereits vorweg genommen wird, kann sich der Schluss zur Befreiungsvision des unterdrückten Buschmannvolkes – in Afrika Masarwa genannt – aufschwingen:

Als die Menschen des Masarwa-Volkes von Marus Heirat mit einer der ihren hörten, öffnete sich leise eine Tür zu dem kleinen, dunklen, stickigen Zimmer, in dem ihre Seelen so lange Zeit eingesperrt gewesen waren. Der Wind der Freiheit, der durch die ganze Welt für alle Menschen wehte, drehte sich und strömte in das Zimmer. Als sie die frische, klare Luft atmeten, erwachte ihre Menschlichkeit. Sie untersuchten ihre Lage. Sie entdeckten die stinkende Luft, die Exkremente und den Horror, eine Absonderlichkeit der menschlichen Rasse zu sein, halb Menschenkopf, halb Eselskörper. Sie lachten verlegen und kratzten sich am Kopf. Wie waren sie nur in diesen Zustand gesunken, wo sie doch ebenso Menschen waren wie alle anderen? Sie begannen, hinaus ins Sonnenlicht zu laufen, dann drehten sie sich um und sahen auf das dunkle, kleine Zimmer. Sie sagten: „Wir kehren nicht dahin zurück."

9. Orpheus im nigerianischen Bürgerkrieg

Wole Soyinka: Die Plage der tollwütigen Hunde.
Aus dem Englischen von Wolfgang Strauß.
Walter Verlag „Dialog Afrika" 1979, 448 Seiten

Zu Hause in Nigeria ist Soyinka vor allem als Mann des Theaters gefeiert worden, als Stückeschreiber, Dramaturg und auch Schauspieler. In der Verfilmung seines Stückes „Kongi's Harvest" (Kongis Ernte) spielte er selbst die Hauptrolle, einen korrupten und unmenschlichen politischen Führer, einen Typus, den es bis heute gibt – nicht nur in Afrika. Soyinka hat nicht auf die Beschreibung der Macht beschränkt, er hat auch versucht, selbst politisch Einfluss zu nehmen. Als 1966 das Militär in Nigeria die Macht übernahm, führte er mit dem Militärgouverneur der Westregion Gespräche über die Möglichkeit einer sozialistischen Staatsreform. Aber schon im Juni wurde der Gouverneur ermordet, dem Staatsstreich folgten die ersten Pogrome gegen die ostnigerianischen Ibo. Ostern 1967 beginnt der Bürgerkrieg mit der Proklamation des unabhängigen Staates Biafra. Soyinka kann seinen neuen Posten als Leiter der Theaterabteilung an der Universität Ibadan nicht antreten, denn seine lautstarke Unterstützung der Sezessionsbestrebungen sind der Zentralregierung Grund genug, ihn für zwei Jahre einzusperren. Im Norden Nigerias in Isolierhaft, ohne Besuche, ohne Bücher, ohne Kontakte zur Außenwelt notiert er seine Gedanken auf Toilettenpapier; diese Aufzeichnungen werden 1972 unter dem Titel „The man died" veröffentlich. In der Tat hielten ihn viele damals für tot. Dem Pen-Club gelang es, den Verschollenen ausfindig zu machen und seine Freilassung im Herbst 1969 zu erlangen. Soyinka verließ sein zum Ort des Schreckens gewordenes Land und reiste nach Amerika. Biafra kapitulierte im Januar 1970.

1973 erschien der Roman „Season of Anomy", in dem Soyinka die Mythe von Orpheus und Euridike in die Wirren des Biafrakrieges verlegt und so Gegenwärtiges in einen historisch-kulturellen Kontext rückt und die Fakten neu deutet. Die deutsche Übersetzung von Wolfgang Strauß wurde 1977 im Ostberliner Verlag unter dem Titel „Zeit der Gesetzlosigkeit" herausgegeben, mit einer „Nachbemerkung" von Burkhard Forstreuter. „Die Plage der tollwütigen Hunde" ist ein identischer Nachdruck dieser Ausgabe, allerdings ohne das Nachwort.

Soyinkas zweiter Roman führt uns zunächst in ein afrikanisches Paradies: das Dorf Aiyéro, dessen geistiges Leben noch so intakt ist, dass auch die jungen Leute, die in den Großstädten Geld verdienen müssen, dort sozusagen als Außenposten afrikanischer Tradition leben, Geld heimschicken und immer wieder nach Hause zurückkehren, etwa anlässlich der Totenfeier eines Ältesten.

Blut, Öl, rote und weiße Nüsse vom Kolabaum, in irdenen Gefäßen an jeder Wegkreuzung, geschlachtete Tauben überall dort, wo einer der Gründer gefallen war, Opfer dargebracht hatte oder endgültig ruhte, an jedem Ort voller Bedeutung, den die Vorfahren hinterlassen hatten. Die Verstorbenen wurden besänftigt, verehrt, willkommen geheißen, berührt und in den Kreis der Lebenden zurückgebracht. Der jüngst Verblichene war auf seiner letzten Reise.

In dieses Dorf kommt eines Tages Ofeyi, der Werbefachmann des Kakaokartells. Er möchte in der Idylle Aiyéros einen Werbefilm drehen. Seine Geliebte und Hauptdarstellerin in den Werbefilmen, Iriyise, begleitet ihn. Beide sind vom Leben in Aiyéro fasziniert. Ofeyi erkennt hier das Modell einer Gesellschaft, bei deren Aufbau ihm die aus Ayéro stammenden jungen Leute helfen sollen. Das Kakaokartell – Vertreter des Konsumterrors – empfindet die Bedrohung durch die moralische Überlegenheit der Idee von Aiyéro und schlägt zurück. Ofeyi darf den Film nicht in Aiyéro drehen; er wird auf eine Studienreise nach Europa geschickt. Dort lernt er einen Landsmann kennen, der, weil er ein paar Semester Zahnmedizin studiert hat, nur der „Zahnarzt" genannt wird. Der Zahnarzt vertritt die gewaltsame Veränderung. Ofeyi, der zunächst die Gewalt ablehnt, lässt sich überzeugen und diskutiert diese neue Idee nach seiner Rückkehr mit Ahime, dem Alten aus Ayéro.

Ofeyi kam schließlich zur Sache. „Was würdest du sagen, wenn ich dir erzähle, dass ich jetzt das Recht auf Gewalt bejahe?"

Ahimes Augen begannen vor Überraschung zu funkeln, doch er zuckte nur mit den Schultern und erwiderte: „Auch die Geschichte der Gründung von Aiyéro hatte ihre Wurzeln in der Gewalt."

„Trotzdem", beteuerte Ofeyi, „ist es nicht Gewalt, was ich hier haben möchte. Wie dem auch sei, eine neue Idee kann heutzutage nicht mehr verbreitet werden, ohne dass man die Notwendigkeit akzeptiert, den jungen Schössling zu beschützen, wenn es sein muss, sogar mit Gewalt."

Ahime hörte ihm geduldig zu und erklärte schließlich: „Du sprichst davon, eine neue Idee zu säen. Doch du hast gewiss auch schon das Sprichwort gehört: Wer Wind sät, wird Sturm ernten?"

„Der Sturm ist vom Kartell gesät worden, Vater Ahime. Wenn wir nicht den Orkan, der daraus entstand, gegen sie selbst wenden, sind wir verloren."

Der Orkan ist schon losgebrochen. Das Kartell schlägt zu: Erst trifft es nur die Männer aus Ayéro, austauschbare Vorposten, dann aber breitet sich der Bürgerkrieg über das ganze Land aus die Schilderungen der „Operationen", wie der Zahnarzt das nennt, überbieten einander an schrecklichen Details. Erinnerungen aus der Wirklichkeit oder Fantasie? Hier wird die Hölle des Zwanzigsten Jahrhunderts geschildert, die mit Giftgas, Sprengstoffen und Erpressung durch Verstümmelung funktioniert. Der Zahnarzt sagt dazu:

Selbst der sinnloseste Mord wird nicht ohne Methode begangen. Alles, was wir tun müssen, ist, diese Gewalt unter Kontrolle zu bringen und sie zielgerichtet und wirksam einzusetzen. Unsere Leute töten, aber sie haben ein Gespür dafür, wen sie töten. Sie suchen sich die Schlüsselfiguren heraus, doch sie töten auch, weil sie jemand mit etwas in Verbindung bringen. Ein Agent wird zum Sterben vorgemerkt. Ein Informant wird niedergemetzelt. Wir können das nicht verhindern, auch wenn wir diese Art von gerechter Vergeltung nicht wollen. Doch wir müssen mehr Methode in dieses Töten bringen, und das ist schwierig. Wir müssen die wirklichen Stützen herausfinden und diese ausschalten. Es ist an und für sich ganz einfach: Man muss die Schlange auf den Kopf treffen, um sie unschädlich zu machen."

Dem Leser wird die Methode nicht so ganz einsichtig. Er bahnt sich seinen Weg durch die scheinbar zusammenhanglosen Massaker, wie Ofeyi, der Held des Romans. Ofeyi sucht Iriyise, die das Kartell entführt hat, um ihn zu bestrafen. Er wird von Zaccheus begleitet, dem Leiter der Band, zu deren Musik Iriyise die Werbespots des Kartells sang und tanzte.

Sie erreichten Kuntus in den frühen Morgenstunden des Sonntags, des Tages der Ruhe. Die Stille wurde durch das Wiehern eines Harmoniums und durch die langsamen, vom Sonntagsfrühstück trägen Stimmen der Gemeinde eher noch unterstrichen als unterbrochen. Die Kirche hatten sie rasch herausgefunden, sie wurde wie immer von einem riesigen Kreuz überragt. Mit gerunzelter Stirn beobachtete Ofeyi nun, dass die Straßen auf einmal in Bewegung gerieten. Aus allen möglichen Schatten, Winkeln und auch hinter einigen kaum wahrnehmbaren Bäumen kamen seltsame Gestalten hervor. Sie bewegten sich wie Gespenster, schnell, genau aufeinander abgestimmt und schweigend.

Noch unheimlicher aber wirkten entgegengesetzte (oder ergänzende) Bewegungen, die zur gleichen Zeit begannen. Eine Handvoll Polizisten fingen an, sich zurückzuziehen, Binnen weniger Sekunden war nicht einer mehr zu sehen. Die huschenden schmutzigweißen Gespenster bewegten sich nun flinker. Nichts mehr von dem Bemühen, die Waffen zu verbergen, die aus Haumessern, Pfeilen, Bogen und Dolchen bestanden. Und aus einer Anzahl von Kanistern, deren Zweck die Beobachter noch nicht enträtseln konnten.

Es dauert aber nicht lange, bis der Leser mit Ofeyi und Zaccheus begreift, was die Leute mit den Kirchgängern vorhaben. Wer „Holocaust" und ähnliche historische Filme gesehen hat, kann den Aktionen mit Sachverständnis folgen. Natürlich ist Ofeyis Versuch, die Polizei zu mobilisieren, vergeblich. Er zieht weiter und gelangt, wie Orpheus, dorthin, wo sich Iriyise, seine Euridike, aufhält: Die Hölle ist das Lager Temoko, der Höllenhund Zerberus erscheint in dem stumpfen Gefangenenwärter Suberu, und Charon ist der klumpfüßige Kommandant Karaun, der sich in seiner Rolle recht wohl fühlt.

„Die Leute draußen glauben, dies sei eine Art Leichenhaus. Alles, die es betreten, müssen ihre Hoffnungen draußen lassen, oder so ähnlich. Aber so ist es gar nicht. Es ist eine eigene Welt, das ist es, eine eigene Welt", sagte der Klumpfuß und lachte wieder.

„Jaaaaa."

Die Bedenken von Klumpfuß waren von dem, was er redete, genauso weit entfernt wie Ofeyis – eine Erkenntnis, die sich langsam Bahn brach. Sein riesiger Schädel war voller Fragen, die den Eindringling betrafen. Seine Augen, schmale Schlitze hinter lächerlich kleinen Brillengläsern, enthielten eine Art von Warnung. Eine Suche, die sowieso alltäglich genug gewesen war, wenngleich auch riskant, wurde allmählich von Vorahnungen erfüllt. Und dann diese ausweichende Antwort auf eine direkt gestellte Frage nach einer vermissten Person…

„Sehr interessant, dass Sie interessiert sind … gerade an dieser Dame…"

Ofeyi versuchte, sich zusammenzunehmen – zum Teufel damit! Ich habe als Bürger doch das Recht zu fragen! Aber noch beruhigender war der Gedanke, dass er Zaccheus hatte bewegen können, draußen vor dem Tor auf ihn zu warten.

Zaccheus und der Zahnarzt werden Ofeyi aus dem Lager befreien. Ofeyi-Orpheus kann seine Iriyise-Euridike bei seiner Befreiung mitnehmen, aber sie, die Verkörperung der Lebenskraft, liegt im Koma.

Die gelegentlich ziemlich holprige Übersetzung macht den ohnehin kompakten Stil des nigerianischen Autors nicht lesbarer. Hat man sich aber konzentriert ans Werk gemacht, findet man sich in einer faszinierend exotischen und doch zugleich vertrauten Welt wieder.

10. Tanz im Ghetto

Modikwe Dikobe: Der Marabi-Tanz. Roman.
Aus dem Englischen von Marion Balkenhol.
Walter Verlag „Dialog Afrika" 1980, 240 Seiten

Heute scheint uns die südafrikanische Apartheidspolitik, die konsequente Trennung von „weißer" und „nichtweißer" Bevölkerung als historische Absurdität längst vergangener Zeiten. Dabei hat sie das ganze zwanzigste Jahrhundert geprägt und ist auch im einundzwanzigsten trotz ihrer Abschaffung noch nicht überwunden. Die literarische Beschreibung dieser Verhältnisse durch weiße und schwarze Autoren hat eine lange Tradition. Der Roman „Denn sie sollen getröstet werden" des weißen Südafrikaners Alan Paton war in den fünfziger Jahren ein Bestseller. Die „farbigen" Autoren Peter Abrahams und Bloke Modisane versuchten, in autobiographischen Romanen vom Exil aus die Weltöffentlichkeit aufzurütteln. Der in den Vereinigten Staaten lebende Dichter Dennis Brutus kämpfte als Vorsitzender des Nichtrassischen Olympischen Komitees Südafrikas mit Erfolg für den Ausschluss seiner ehemaligen Heimat von den Olympischen Spielen. Auch die Romane und Erzählungen der südafrikanischen Nobelpreisträgerin Nadine Gordimer beschreiben die Auswirkungen der Rassentrennung auf die südafrikanische Gesellschaft.

Der Kampf gegen die Apartheid beschränkte sich nicht auf intellektuelle Aktionen aus dem Exil. Der Aufstand in SoWeTo, dem Riesen-Ghetto „South-West-Township" bei Johannesburg im Juni 197 leitete eine Reihe von gewaltsamen Protesten ein, die viel Sympathie bei uns fanden. Das ist der Hintergrund, vor dem man den eher stillen Roman „Der Marabi-Tanz" lesen sollte. Sein Autor Modikwe Dikobe hat mit Hilfe einer Reihe von Mitarbeitern ein autobiographisch gefärbtes Buch über das Leben in den schwarzen Ghettos der Dreißiger Jahre geschrieben. Eigentlich sind es Geschichten über mehrere Personen, die alle mit Martha, der Hauptperson des Romans zu tun haben. Ihnen allen ist gemein, dass die wirtschaftlichen Veränderungen des 20. Jahrhunderts sie aus ihrem traditionellen Landleben gerissen haben, ohne ihnen jedoch ein menschenwürdiges Leben in der Stadt zu ermöglichen. Dennoch sind die Verhältnisse in jener Epoche noch relativ erträglich. Damals fing die Reglementierung der Apartheidsideologie erst an, und viele schwarze Südafrikaner glaubten noch, ihre Sitten und Lebensgewohnheiten auch in den Städten der Weißen bewahren zu können. Zu ihnen gehört auch Marthas Mutter, die sich um die Tugend ihrer Tochter sorgt, denn nur ein unberührtes Mädchen bringt lobola, den Brautpreis, die traditionelle Entschädigung er Eltern für die Erziehung der Tochter und die Arbeit, die sie auf den elterlichen Feldern leistete.

Martha – oder Moipone, wie sie in der traditionsbewussten Familie mit ihrem afrikanischen Namen gerufen wird – hat sich mit einem Jungen herumgetrieben und ist, als sie spät abends nach Hause kam, von ihrem Vater verprügelt worden.

Am nächsten Morgen stand Martha auf, um wie üblich die Feuerstelle anzuheizen. Ihre Glieder waren steif und schmerzten. Sie schüttete die Asche vom Rost und begoss die noch glimmenden Kohlen mit Wasser. Ihr Vater hatte, wie jeden Morgen, schon um drei Uhr das Haus verlassen, da er in einer Molkerei arbeitete, die so früh auslieferte.

„Moipone", rief Marthas Mutter nach draußen, „du wirst bald in das Alter kommen, in dem du selbst Kinder haben kannst. Es ist reine Geldverschwendung, wenn wir dich weiter zur Schule schicken. Du weißt, dass dein Vater ein kranker Mann ist. Wenn er stirb und du ein Kind hast, wird niemand da sein, der für unseren Unterhalt sorgt. Du macht mich wirklich krank, Moipone."

Mrs. Mabongo weinte und dachte an ihre Eltern, die gegen ihre Heirat mit Mabongo gewesen waren.

„Mama", rief Martha, „was ist denn los?"

„Du machst mir viel Kummer. Treibst dich nachts rum! Deine nächtlichen Ausflüge bereiten mir Sorge." Dann legte sie eine bedeutsame Pause ein. „Ruf deine Großmutter!"

Martha holte die alte Frau, die sie Großmutter nannte. Es war Mrs. Mapena. Martha wurde hinaus geschickt. „Oma Mapena, ich möchte, dass du Martha untersuchst und sagst, ob sie mit Jungen zusammen war." Es war Montag, und Martha wollte gerade zur Schule gehen. „Du gehst heute nicht zur Schule", bestimmte ihre Mutter. Martha wurde ins Zimmer gerufen. Oma Mapena untersuchte sie und stellte fest, dass sie mehr als einmal mit Jungen verkehrt hatte. Am selben Abend berichtete Mrs. Mabongo ihrem Mann über dieses Ergebnis. Gemeinsam beschlossen sie, Martha von der Schule zu nehmen.

Schon die Ehe von Marthas Eltern ist nicht traditionsgemäß geschlossen worden und wird daher von den beiden Familien nicht anerkannt. Marthas Vater hat seinerzeit das Mädchen, das ihm seine Eltern zugedacht hatten, verschmäht und sich in der Stadt verheiratet, ohne den Brautpreis zu zahlen. Nun trifft er seinen Vetter, der eine Frau für seinen Sohn sucht. Da wäre Martha genau die Richtige, denn so könnten die Familien wieder versöhnt werden.

„Ich habe meinen Vetter Ndala getroffen, der uns gern besuchen würde", berichtete Mabongo seiner Frau, als er nach der Arbeit nach Hause kam.

„Aha! Jetzt sind deine Verwandten auf einmal bereit, dir zu vergeben, weil du eine Tochter im heiratsfähigen Alter hast! Sie denken wohl, sie könnten den Brautpreis sparen. Da haben sie sich aber getäuscht! Du hast nicht einmal ein Huhn für mich gegeben!"

„Mein Vetter will, dass sein Sohn Martha heiratet, und ich möchte das auch.

Er hat viele Rinder und Ziegen. Alles, was ich von seiner Mutter geerbt hätte, hat sein Sohn bekommen. Sie würden all das, was ich bekommen hätte, als Brautpreis für Martha zurückgeben. Mehr als zwanzig Rinder und vierzig Ziegen!"

Martha geht zunächst auf die Werbung ihres Vetters ein, denn sie ist schwanger, und ihr Freund George kann sich nicht zur Heirat entschließen. Aber als der offizielle Heiratsantrag gestellt wird, lehnt sie doch ab und zerstört damit die Hoffnung ihrer Eltern, die Familie wieder in die Harmonie der Tradition zurückzuführen. Ihr Vater geht zum Militär – der 2. Weltkrieg steht vor der Tür – und ihre Mutter stirbt, noch ehe Marthas Kind geboren wird. Trotzdem ist Martha überzeugt, dass sie richtig gehandelt hat, als sie Saphais Antrag ablehnte:

„Wenn ich eingewilligt hätte und das Kind wäre Saphai nicht ähnlich gewesen, hätten sie mich Sebebe – d.h Schandfleck – genannt. Auch mein Kind hätte darunter zu leiden gehabt; es wäre immer ‚der Fehltritt' gewesen.".

Und Ndala, Saphais Vater, sagt später dazu:

„Mein Sohn wäre verloren gewesen, wenn er eine solche Frau geheiratet hätte. Was kann ein Junge vom Land mit einem Stadtmädchen anfangen? Sie würde ihn abends mit den Kindern allein lassen und zu Marabi-Festen gehen!"

Die Marabi-Tanzfeste sind für die Ghettobewohner die einzige Vergnügungsmöglichkeit: Kinos, Theater und Lokale der weißen Großstädte sind ihnen verschlossen; von den traditionellen Festen der schwarzen Bauern haben sie sich – nicht nur räumlich – entfernt. Der Romantitel „Der Marabi-Tanz" symbolisiert den Versuch dieser neuen Gesellschaftsklasse, sich in ihrer fortschrittlichen Unfreiheit einzurichten. Vor allem die Frauen, die ja meist traditionsbewusster sind und denen auch keine finanziell einträglichen Jobs, wie z.B. die Arbeit in den Minen, angeboten wird, sind zwischen der alten und der neuen Lebensform hin- und hergerissen. Das wird in der Geschichte von Ma-Ndlovu deutlich, der Frau, die die Marabi-Tanzfeste organisierte, bei denen sich Martha und George kennen lernten. Ma-Ndlovu ist von ihrem Mann, als sie schwanger war, sitzengelassen worden. Da er aber einen Brautpreis für sie bezahlt hat, ist sie rechtmäßig mit ihm verheiratet und kann bei seinem Tod die Rolle der Witwe spielen, obwohl er seit zehn Jahren mit einer anderen Frau, Ma-Khumalo, zusammen lebte und auch Ma-Ndlovu inzwischen einen anderen Mann namens Alberto hat. Die Nachricht vom Tod ihres rechtmäßigen Gatten erreicht sie während eines Marabi-Festes.

Plötzlich entstand Unruhe in dem großen Raum. Ein Mann war hereingestürzt und hatte etwas zu Ma-Ndlovu gesagt. Sie schrie auf. „Yooooo, sie haben meinen Mann getötet!"

„He, Ma-Ndlovu, was ist passiert?" fragten alle.

„Madonda, mein Mann, wurde von einem Auto angefahren und ist tot. Ma-Khumalo hat ihn verhext! Yooooo, meinen Mann, der Lobola für mich bezahlt hat!"

Es herrschte ein furchtbares Durcheinander. Die Biertrinker, die einen Kanister mit siebzehn Litern Bier bestellt und noch nicht bezahlt hatten, begannen eine Sammlung für den Toten und zahlten das Bier. Totenstille kehrte in das Haus ein, in dem kurz zuvor noch gefeiert worden war. Die Förderer des Festes standen verdutzt vor der Tür, hatten sie doch Alberto, den sie als Ma-Ndlovus Mann kannten, wenige Augenblicke zuvor noch gesehen. Alberto, der mit ansehen musste, wie seine Frau um einen Mann weinte, mit dem sie seit zehn Jahren nicht mehr zusammengelebt hatte, fragte die Minenarbeiter um Rat. Man legte ihm nahe, die Totenwache und die Beerdigung zu meiden. Ma-Ndlovu war gramgebeugt. Sie ließ sich zu Madondas Onkel bringen.

„Ich komme zu dir, Onkel, weil mein Mann tot ist. Er hat für mich eine Menge Vieh bezahlt, für Ma-Khumalo nichts. Sie ist nichts weiter als eine Hure. Ich muss unbedingt den ersten Platz bei der Totenwache einnehmen. Du, Onkel, hast die Möglichkeit, die Leiche von den Weißen zu bekommen."

Onkel Madonda dachte lange nach. Schließlich war er damit einverstanden, den Toten zu Ma-Ndlovu und nicht zu Ma-Khumalo zu bringen.

Vielleicht ist es symbolisch für jene Zeit, dass ein betrügerischer Priester Ma-Ndlovu das Geld, das sie während der Totenwache geschenkt bekommt, abgaunert. Er erfüllt sich mit dem Geld einen lang gehegten Traum: seine Scheinidentität abzulegen und wieder zu seiner Familie auf das Land zurückzukehren, denn nur dort wird die Menschenwürde der Schwarzen noch geachtet:

Tschirongo wurde zu Hause vom Trommelschlag begrüßt, der dem Dorf mitteilte, dass ein „verlorener Sohn" heimgekehrt sei. Die Frauen breiteten Rohrmatten aus, auf denen sich der „junge Vater" ausruhen konnte. Angeführt von den Ältesten und seiner eigenen Frau, kamen sie auf den Knien auf ihn zu: „Der Herr ist zurückgekommen. Gott ist da."

Aber es gibt keine endgültige Heimkehr mehr ins alte Afrika. Die Weißen haben die Macht in Südafrika und formen das Land und seine Urbewohner immer mehr nach ihren Vorstellungen. Mag das Ende des Romans glücklich erscheinen, wenn Tschirongo wieder den Talar anzieht, um Martha und George schließlich doch zu trauen; die Widmung des Buches gilt den Menschen, die, wie vielleicht Marthas Sohn, unter den ständig verschärften Apartheids-Gesetzen zu leiden haben und die die Abschaffung der Apartheid im letzten Jahrzehnt des zwanzigsten Jahrhunderts nicht mehr erlebten.

11. Blutige Blüten

Ngugi wa Thiong'o: Verbrannte Blüten.
Aus dem Englischen von Susanne Köhler;
mit einem Nachwort von Peter Laudan.
Hammer Verlag, „Dialog Afrika" 1982, 468 Seiten

Der kenianische Autor Ngugi wa Thiong'o ist deutschen Romanlesern – soweit
sie gern auch mal über die Grenzen unseres Kontinentes hinaus lesen – kein
Unbekannter mehr. 1979 erschien im Walter Verlag in der Reihe „Dialog
Afrika" der Roman „Freiheit mit gesenktem Kopf", der die psychische Situation
Kenias zum Zeitpunkt der Unabhängigkeit schildert. Ngugis Popularität hing
sicher auch damit zusammen, dass er damals gerade aus dem Gefängnis kam.
Mit einem Jahr Haft – ohne jedes Gerichtsurteil allerdings – hatte er ein kriti-
sches Theaterstück über die ungleiche Landverteilung in Kenia bezahlen müssen. Stein des Anstoßes war damals jedoch weniger der Inhalt – Ngugis Werke
sind schon immer voll von kritischen Anmerkungen gewesen – als vielmehr die
Sprache: Das Stück wurde in Kikuyu aufgeführt und erreichte so eine Breiten-
wirkung unter der Bevölkerung, die ein Roman, noch dazu in englischer
Sprache, in einem überwiegend analphabetischen Land niemals gehabt hätte.
    Die Verwendung des Englischen aber öffnet Ngugi den Weg zum Lese-
publikum der ganzen Welt und ist Voraussetzung für die Berühmtheit, die ihm
während seines Gefängnisaufenthaltes möglicherweise zugute kam. In einem
Interview, das DIE ZEIT im Mai 1979 veröffentlichte, bedankt sich Ngugi bei
den Menschen aller Kontinente, die ihre Stimme gegen die politische Haft in
Kenia erhoben haben.
    Aber die Wahl der Sprache hängt nicht nur von der Entscheidung des
Autors ab, ob er eher nationale oder internationale Wirkung erzielen will.
Afrikanische Autoren, die in der Kolonialzeit aufgewachsen sind, haben zur
Sprache des ehemaligen „Mutterlandes" eine ganz besondere Beziehung. Ngugi
selber drückt es in einem Interview mit einer nigerianischen Literaturwissen-
schaftlerin so aus:

*„Für diejenigen von uns, die durch Englisch als linguistisches Medium erzogen wur-
den, ging der allererste Versuch, zu Begriffen zu finden, durch die englische Sprache.
Diese historische Konditionierung schränkt die Wahlmöglichkeit ein. Erst später
stellt sich die bewusste Frage: Warum bevorzuge ich diese Sprache anstelle einer anderen?"*

Als zweiten Grund gibt Ngugi durchaus zu, Leserschaft und dadurch auch
Verlage im Auge zu haben, die auf Texte in afrikanischen Sprachen noch sehr
zurückhaltend reagierten, da für ein Buch in Swahili zum Beispiel natürlich

nicht der gleiche Markt zur Verfügung steht wie für ein Buch in englischer Sprache.

Der Roman „Petals of Blood" erschien im englischen Original 1977, kurz ehe sich Ngugi dem Theater in seiner Muttersprache zuwandte. Der Peter Hammer-Verlag, der die deutsche Ausgabe herausbrachte, war wohl mit der Übersetzung des Titels, der eigentlich „Blüten aus Blut" heißt, nicht so ganz zufrieden, denn unter seinem Vorschlag „Verbrannte Blüten" erscheint auch der Originaltitel auf dem Umschlag. Die beim ostdeutschen Verlag „Volk und Welt" schon zwei Jahre früher erschienene deutsche Ausgabe heißt „Land der flammenden Blüten". Der Symbolgehalt wird hier deutlicher. Blut und Feuer; beide Bilder ziehen sich durch das ganze Buch. Hier die Stelle, in der das Symbol der Blutblüten zum ersten Mal erscheint. Munira, der Dorflehrer, geht mit seinen Schulkindern hinaus aufs Feld, um eine Naturkundestunde zu halten.

Er pflückte Blumen und lehrte sie die einzelnen Pflanzenteile: Narbe, Stempel, Blütenstaub, Blütenblätter. Er sagte auch einiges über Befruchtung. Eines der Kinder rief:

„Schaut her, eine Blume mit Blüten wie Blut."

Es war eine einzelne Feuerbohne in einem Feld voll weiß, blau und violett blühender Bohnen. Wie man sie auch anschaute, sie erweckte in einem den Eindruck von verströmendem Blut. Munira beugte sich darüber und pflückte sie mit zitternder Hand. Wahrscheinlich hatte sie das Spiel des Lichtes so verwandelt, denn nun hielt er eine gewöhnliche rote Blume in der Hand.

„Es gibt keine Farbe, die Blut heißt: was du meinst, ist einfach rot. Siehst du? Du müsstest die sieben Regenbogenfarben lernen. Es gibt viele Arten verschiedener Blumen mit vielerlei verschiedenen Farben. Jetzt möchte ich, dass jeder von euch eine Blume pflückt… Zählt die Anzahl der Blütenblätter und Stempel und zeigt mir den Blütenstaub…"

Er stand da und schaute auf die Blume, die er gepflückt hatte, dann warf er die leblose Blüte weg. Da rief wieder ein Kind:

„Ich habe noch eine blutige Blüte gefunden – ich meine, eine rote… aber sie hat weder Narbe noch Stempel – sie ist leer."

Er ging zu ihm hin, und die anderen umringten sie.

„Nein, das stimmt nicht", sagte er und nahm die Blüte in die Hand.

„Diese Farbe ist ja nicht einmal rot… Diese Blüte ist vom Wurm zerfressen. Sie kann keine Früchte mehr bringen. Deshalb müssen wir jeden Wurm töten … Eine Blüte kann auch diese Färbung bekommen, wenn sie nicht ans Licht gelangen kann."

Er war mit sich zufrieden. Aber dann fingen die Kinder an, unangenehme Fragen zu stellen. Warum fraßen sich die Dinge gegenseitig auf? Warum können die, die gefressen werden, nicht ihrerseits zurück beißen? Warum ließ Gott dies und jenes

geschehen? Um derlei Fragen hatte er sich nie viel gekümmert, und damit sie end-
lich Ruhe gäben, antwortete er ihnen, dies sei einfach ein Gesetz der Natur.

Munira wird sich sehr bald um diese Naturgesetze kümmern müssen, gehört er
doch – wie alle literarischen Figuren bei Ngugi – zu den Menschen, die, wenn
auch ohne es zu wollen, gegen diese Gesetze verstoßen. Die Schuld, die der einzelne durch seine Handlungen oder Unterlassungen auf sich lädt, die Schuld,
die im Kontext des nachkolonialen Kenia immer auch politische Konsequenzen
hat, bestimmt die Beziehungen der Personen in diesem Roman. Der Leser findet sich dementsprechend zu Beginn des monumentalen Werkes zunächst im
Szenario einer Kriminalgeschichte wieder:
Drei hochgestellte kenianische Persönlichkeiten sind einer Brandstiftung zum
Opfer gefallen. Verdächtigt werden drei Männer aus Ilmorog, einem kleinen
Ort, der sich vom verschlafenen, von der Dürre bedrohten Bauerndorf in den
letzten Jahren zum Kommerzzentrum an der neuen Schnellstraße entwickelt
hat. Die Wege der Ermordeten und der Tatverdächtigen haben sich seit vielen
Jahren immer wieder gekreuzt. Der Hauptverdächtige, der Lehrer Munira,
schreibt im Gefängnis seine Aussage nieder. Das sind die Rückblenden, in
denen sich das dramatische Geschehen entwickelt. Einer der Ermordeten,
Chui, ist ein ehemaliger Schulkamerad Muniras. Sie haben zusammen das vor-
nehme Internat Siriana besucht.

Chui war es, der als erster in der Schule eine Krawattennadel trug – es wurde die
Mode. Er war auch der erste, der beim Sport Shorts mit hochgeklappten Aufschlägen
trug. Auch das wurde Mode. Er war der Star beim Sport und überall – Chui hier,
Chui da, Chui, Chui, Chui wo immer man hinschaut. Die frische Bergluft, in der
englische Siedler ein heimatliches Klima gefunden hatten, hatte seine sehnigen
Muskeln geformt – es war in der Tat ein Genuss, ihm beim Fußballspielen zuzuse-
hen, den athletischen Schwung seines Körpers zu beobachten, wenn er den Ball
dribbelte, um dann plötzlich, zur Täuschung eines Gegners, nach rechts oder links
abzudrehen … Ich glaube, dass er in solchen Augenblicken für uns alle gegen die
weißen Siedler spielte.

Chui wird Schulsprecher und führt später die Streiks gegen die Schuluniform,
das schlechte Essen, aber auch gegen den europazentrierten Unterricht an. Das
sind Streiks, wie sie auch in unseren Tagen immer wieder aus Kenia gemeldet
werden. Hier liegt auch eine der Wurzeln der gesellschaftlichen Probleme des
ostafrikanischen Landes: Es gibt eine nicht sehr große, aber mächtige, weil auch
in die afrikanische Tradition eingebettete Oligarchie, die ihre Kinder frühzeitig
auf das Ausüben von Herrschaft vorbereitet. Das englische Schulsystem ist
hierbei nur ein Weg, und zwar auch heutzutage noch der schnellste Weg zu den
Machtpositionen.

Der Erfolg, den der Schüler Chui im Aufstand gegen die weiße Schulleitung verbucht, führt ihn direkt auf den goldenen Sessel der Bonzen, die im unabhängigen Staate Kenia ihre Privilegien auf Kosten der Bauern und einer allmählich entstehenden Arbeiterklasse genießen.

Auch Mzigo, der Schulrat, und vor allem Kimeria, das dritte Opfer des Brandanschlages, gehören zu dieser Clique, deren Attribute materialistischen Wohllebens Ngugi geradezu liebevoll ausmalt. Den Leuten von Ilmorog wird dieses Missverhältnis im Lebensstandard, wie sie es früher nur im Vergleich zu den Weißen kannten, plastisch vorgeführt, als sie eine Delegation nach Nairobi schicken, die den Parlamentsabgeordneten um Hilfe bitten soll, weil es seit Monaten in Ilmorog nicht mehr geregnet hat und eine Missernte bevorsteht. Mit Munira nehmen auch seine späteren Mitverdächtigen an dem Marsch teil: der Hilfslehrer Karega, auch ein Ehemaliger aus dem Siriana-Internat, und der Mau-Mau-Kämpfer Abdullah, der mit Karegas Bruder eng befreundet war, ehe dieser bei den Unabhängigkeitskämpfen fiel. Auch die weibliche Hauptgestalt des Romans ist mit von der Partie: Wanja – das heißt auf Kikuyu „Mädchen" – eine der großen Frauengestalten im Werk von Ngugi Wa Thiong'o, dem weibliche Figuren immer viel besser gelingen, von seinen ersten Kurzgeschichten an.

Sie war Nyakinyuas Enkelin, das wussten wir, denn oft ging sie der alten Frau in den täglichen Verrichtungen im Haus und auf dem Feld zur Hand, aber dennoch blieb ein Geheimnis um sie. Wie konnte eine Frau aus der Stadt ihre Hände so schmutzig machen? Und wie war es möglich, dass sie sich einen Eimer Wasser auf ihren, mit einer Fülle glänzender schwarzer Haare herrlich gekrönten Kopf setzte? Und was hatte sie vor die Tore Ilmorogs gebracht, wo doch die Jugend dazu tendierte wegzulaufen? Mit zunehmender Neugier beobachteten wir ihr Kommen und Gehen, denn wir hatten nicht viel anderes zu tun, als die Erde hin und wieder umzugraben, während wir darauf warteten, dass die Bohnen und der Mais zur Ernte reif wurden. Sie würde wieder fortgehen, sagten wir alle.

Wanja geht zurück in die Stadt, wo sie als Barmädchen arbeitet, aber sie kommt wieder und steht uns plastischer vor den Augen als die sechs Männer, die teils schon zu Beginn des Romans in einer emotionalen Beziehung zu ihr stehen, teils sie im Laufe der Geschichte entwickeln. Während Munira, Karega und Abdullah eher schüchtern in Wanja verliebt sind, versuchen die drei anderen, die dann auch in ihrem – Wanjas – Haus den Tod finden, sie mit Gewalt zu erobern; Wanja ist auch eine Allegorie für „Kenia" oder sogar „Afrika": Sie ist die ausgebeutete Hälfte der Menschheit, die sich immer wieder prostituiert, weil es keinen anderen Weg zum Überleben gibt.

Wanjas Entwicklung vom verschüchterten, aus dem Elternhaus vertriebenen Mädchen zur eleganten Bordellbesitzerin entspricht der Entwicklung des Dorfes Ilmorog, die mit dem Besuch der Delegation beim Abgeordneten beginnt: Zwar zieht vordergründiger Wohlstand ein, aber die Frustrationen werden um so größer und die menschlichen Beziehungen um so schwieriger. In keinem seiner bisherigen Bücher ist Ngugi wa Thiong'o die Verknüpfung seiner Charaktere mit der Umwelt, dem Afrika, um das es ihm geht, so gut gelungen wie in diesem Roman, den einige Kritiker auch schon den „ersten proletarischen" Roman Afrikas genannt haben, weil Karega zuletzt sogar Streiks in der Ilmoroger Brauerei anzettelt, deren Direktorium eben gerade das Trio Chui – Mzigo – Kameria geworden ist.

„Verbrannte Blüten" – im Original „Petals of Blood": Dieser Roman wird mit allem Nachdruck jenen empfohlen, die bereit sind, sich auf den spröden Stil Ngugis und die fremde Welt jenseits von Safari-Kurzreisen einzulassen. Das Nachwort von Peter Laudan ist eine vorzügliche Hilfe, mit dem nicht immer leichten Text klar zu kommen. Weniger als unser Geld geschweige denn unser Mitleid braucht das nachkoloniale Afrika vor allem unser Verständnis. Ngugi artikuliert diese Hoffnung in seinem Roman, wenn er dem Revolutionär Karega im Gefängnis den letzten Satz des Romans gibt: „Morgen…', und er wusste, dass er nicht mehr allein war."

12. James Bond afrikanisch

David G. Maillu: Kadosa. Ein Afro-James-Bond.
Aus dem Englischen von Brigitte Weidmann.
Walter Verlag 1981, 198 Seiten

Der Roman „Kadosa" – im Untertitel als „Afro-James-Bond" etikettiert – spielt im Jahr 1970 in der kenianischen Hauptstadt Nairobi. Der Held, Dr. Mutava, ist allerdings eher ein Anti-James Bond, kein strahlend-drahtiger Alleskönner, sondern ein schüchtern abwartender Intellektueller.

Aber lassen wir ihn sich selbst vorstellen, zumal es sich um einen Roman in Ich-Form handelt.

Ein Jahr zuvor hatte ich mein Examen in Philosophie gemacht, war dann vorübergehend bei einer ortsansässigen Firma tätig und hatte ein Stipendium beantragt, weil ich eine umfangreiche Arbeit über afrikanische Mythologie und Geistererscheinungen fertig stellen wollte. Ich war über sieben Jahre lang im Ausland gewesen, hatte da meinen Doktor der Philosophie gemacht, war viel in Europa herumgekommen und hatte eine Anzahl von Professoren kennen gelernt, mit denen ich mich in mancherlei Hinsicht verstand. Nach meiner Rückkehr hätte ich an der Universität von Nairobi lehren können, doch ich hatte mir vorgenommen, mich dieser wissenschaftlichen Arbeit zu widmen, für die ich schätzungsweise

*noch gute vier Jahre brauchte. Ein paar angesehene Verleger hatten sich bereit erklärt,
die Ergebnisse meiner Forschung zu publizieren. Ich war zweiunddreißig, ledig, und
ich muss gestehen, dass ich zwar eine Menge Mädchen kannte, dass aber keine den
Vorstellungen entsprach, die ich mir von meiner zukünftigen Frau machte.*

Dr. Mutava ist keineswegs auf Frauenbekanntschaften aus, da er all seine Zeit
und Kraft für seine wissenschaftliche Arbeit benötigt. Aus reiner Freundlichkeit
nimmt er ein Mädchen im Auto mit, das ihm auf der Straße gewinkt hat. Sie
ist außerordentlich schön, aber was ihn noch mehr verwirrt, ist die Tatsache,
dass sie ihn offenbar genau kennt, alles von ihm weiß, bis hin zu den merk-
würdigen Ereignissen der vergangenen Nacht, in der Dr. Mutava von einem un-
sichtbaren Wesen heimgesucht worden war. Noch glaubt der Philosoph und
Geisterforscher, mit klaren sachlichen Fragen das Problem angehen zu können,
doch Kadosa – so lässt sich das merwürdige weibliche Wesen nennen – zeigt
ihm gleich, dass sie mit anderen Mitteln Kommunikation betreibt.

*„Entschuldigen Sie, aber wer sind Sie eigentlich?" warf ich ein; doch sie gab mir
keine Antwort. Während ich darüber nachdachte, schlug eine Art Blitz in den
Wagen ein. Ich schrie erschrocken auf. Was ging hier vor sich? Ich hatte solche Angst,
dass ich nicht weiterfahren konnte. Ich entschloss mich zu bremsen und eine Weile
anzuhalten. Als ich zu ihr hinüberschaute, lächelte sie, und ich wunderte mich, dass
sie den Blitz offenbar überhaupt nicht zur Kenntnis genommen hatte. Sie begann
eine Melodie zu summen, die in ein leises Pfeifen überging. Ich hielt an und stellte
den Motor ab. Die Knie schlotterten mir vor Angst. Ich schwitzte immer mehr.*

Ohne die gewünschte Antwort zu geben, verwickelt die Schöne den
Philosophen in ein Gespräch, in dem sie keine seiner Antworten gelten lässt,
jede konventionelle Floskel zerpflückt und sich, um seine verbalisierte
Bewunderung ihrer Schönheit Lügen zu strafen, prompt für einen Augenblick
in ein Gerippe verwandelt. Als sie nach seinen vergeblichen Versuchen sie hin-
auszuwerfen endlich freiwillig geht, ist klar, dass es sich um eine Art Botin handelt, die einen Auftrag hat. Aber was für einen? Vom wem? Wozu? Ihr Fortgehen stürzt Mutava nur in noch größere Panik.

*Sie lief schnell übers freie Feld, immer schneller, aber je weiter sie sich entfernte,
desto stärker begann ihr Körper zu glitzern; dann begann er mich zu blenden. In
etwa dreißig Sekunden hatte sie über dreißig Kilometer zurückgelegt, und ihre
Gestalt wurde immer größer. Schließlich explodierte sie wie eine Atombombe, und
vom Zentrum her wirbelten Schwaden einer tiefschwarzen Rauchwolke hoch, aus
der züngelnde Flammen schlugen! Als sie explodierte, begann die Erde wie ein aus-
brechender Vulkan zu beben und zu schwanken. Und je höher die Wolkenbank sich
auftürmte, desto stärker schwankte und bebte die Erde. In Sekundenschnelle hatte*

die Wolke die gigantische Höhe von achtzig und einen Durchmesser von dreißig Kilometern erreicht. Ein furchtbarer Blitzschlag, dann ein Gewitter, das die Erde noch stärker erschütterte. Die Wolke löste sich auf und verteilte sich in alle Himmelsrichtungen. Schließlich zogen überall dichte, düstere Wolken auf, und aus dem Himmel brach eine Regenflut.

Ist vielleicht Kadosa eine Art James Bond, Agentin einer nicht näher bezeichneten Macht, die Verliebtheiten ausnutzt, um an den Feind heranzukommen? In der Tat verfügt Kadosa über ein unerschöpfliches Arsenal von Tricks, mit denen sie Gegenspieler außer Gefecht setzt, und verblüfft immer wieder durch unerwartetes Erscheinen am rechten Ort. Sie ist auch genauestens darüber informiert, wer die Bösewichter sind. Herrn Mutava aber hat sie unter ihre Fittiche genommen. Zwar erlebt er mit ihr schreckliche Visionen, deren Bilder aus dem Szenario vom Weltende stammen könnten – ein Zitat aus der Offenbarung steht denn auch als Motto über dem Roman – , aber Kadosa hält auch immer beschützende Amulette und tröstende Worte für ihn bereit. Allerdings verlangt sie von ihrem Schützling eine Gegenleistung: Um ihrer Hilfe und Freundschaft würdig zu sein, muss sich Mutava von allen überflüssigen Dingen, „Plunder", wie Kadosa sagt, befreien. Das erinnert an Transitions- oder Übergangsrituale, Reinigungs- und Befreiungsakte, wie sie in fast allen Religionen der Welt beim Betreten eines neuen Lebensabschnitts oder für die Aufnahme in bestimmte Gemeinschaften verlangt werden. Ordensangehörige verzichten auf persönlichen Besitz; geistiger Reichtum wird oft durch materielle Armut erkauft. Aber soweit geht Kadosas Forderung gar nicht. Sie will Dr. Mutava vor allem von den Dingen befreien, die seinen Geist bisher gefangen hielten.

Dann ging sie mit mir in der Wohnung herum und wählte die Sachen aus, die ihrer Meinung nach weggeworfen werden sollten. Plunder war allerdings nicht dabei! Es handelte sich um mein Tonbandgerät, den Fotoapparat, meine wichtigsten Bücher und Notizen, die sich auf meine derzeitigen Studien bezogen, mein Album und eine Reihe anderer Sachen. Dann, um Himmelswillen, griff sie sich meine Zeugnisse und den Promotionstalar! < …> Alles zusammen hatte einen Wert von an die zehntausend Schilling. Ich war wirklich empört darüber, dass ich das wegwerfen sollte, verbrennen sollte ich es sogar! Es ist wirklich nicht ohne, jenes christliche Sprichwort, das da sagt: ‚Wenn man dem Teufel den kleinen Finger gibt, will er die ganze Hand'.

„Sie haben mir bis jetzt vorenthalten, weshalb ich diese Sachen wegwerfen soll; würden Sie mir das bitte mal erklären" fragte ich herausfordernd. „Wenn Sie Ihr Haus neu möblieren möchten", antwortete sie, „müssen Sie die alten Möbel loswerden."

Und sie gibt ihm sieben Tage, selber für die Vernichtung des „Plunders" zu sorgen. Während dieser Woche ist sie sehr freundlich zu ihm, geht mit ihm tanzen und versorgt ihn liebevoll. Aber am siebten Tag zwingen ihn dann doch wieder grausige endzeitliche Visionen zum Gehorsam, und von dem Tag an, an dem Mutava tatsächlich all die Dinge, die Kadosa zu „Plunder" erklärt hat, verbrennt, empfindet er eine tiefe Anhänglichkeit an seine mysteriöse Freundin. Diese Anhänglichkeit beunruhigt seine Bekannten in der Stadt. Man versucht, ihn zu ärztlichen Behandlungen zu überreden und in sein Leben mit Kadosa einzugreifen. Nur Mutavas Vater rät ihm, diese Situation zu ertragen und gelassen ihr Ende abzuwarten. Besser als europäisch ausgebildete Psychologen und Mediziner erkennt er, der aufgrund seines Alters zu den „Weisen" gehört, den Übergangscharakter der Prüfungen, die sein Sohn erlebt; er scheint der Einzige zu sein, der diese Erlebnisse als Transitionsritual begreift.

Aber der Roman ist keine populärwissenschaftliche Abhandlung über Erscheinungsformen afrikanischer Mythologie im heutigen Kenia sondern ein Thriller, dessen Kulissen aus einer amerikanischen Fernsehserie stammen könnten: das elegante Großstadtappartment eines allein stehenden Herrn, Autofahrten auf der Straße zum Flughafen, Kinos und teure Restaurants. Auch die Strukturen der Abenteuergeschichten, denen solche Kriminalfernsehserien schematisch folgen, sind in diesem Roman zu erkennen. Höhepunkt ist die Party, die Mutava für einen aus Europa angereisten Professor und dessen Frau gibt. Dieser Professor, der sensationelle Offenbarungen zum Thema afrikanische Mythologie erwartet, wird eines von Kadosas Opfern. Nicht nur muss er feststellen, dass die geheimnisvolle Schöne auf Fotos unsichtbar bleibt; schlimmer ist, dass sie seiner Frau durch Visionen zu verstehen gibt, dass er seine erste Frau umgebracht hat. Aber ehe der Professor bestraft wird, erlebt er noch eine von Kadosas Zaubereien. Er und seine Frau sind die ersten Gäste auf der Party. Kadosa lässt ihm einen runden Stein geben, der in den verschiedensten Farben glitzert. Interessiert untersucht er ihn.

Der Professor schloss die Hand um ihn und öffnete sie wieder. Das wiederholte er noch einmal. Beim dritten Mal jedoch stöhnte er auf wie jemand, der sich verbrannt hat! Er verzog das Gesicht und ließ den Gegenstand fallen. Das Ding schlug auf dem Boden auf, und zwar mit einem solchen Getöse, als ob es sich um eine mehrere Tonnen schwere Eiskugel handelte! Das ganze Haus geriet ins Wanken! Der Professor stand entgeistert da. Er musterte seine Handfläche, dann dieses Ding, das jetzt wie lebendig über den Boden rollte. Der Professor bückte sich und versuchte es zu bremsen. Das Ding stand tatsächlich still. Er versuchte es aufzuheben – er schaffte es nicht! Niemand wäre imstande gewesen, diesen Gegenstand aufzuheben; trotz seines geringen Umfanges war er viel zu schwer! Kadosa trat aus ihrem Zimmer. Sie trug ein Kleid, das ich noch nie an ihr gesehen hatte, ein Kleid mit langem Rock, der stark auf Licht reagierte; er strahlte alle möglichen Farben aus <...> Sie hob den Gegenstand ohne Umstände auf und begann wieder mit ihm zu jonglieren; wenn er herunterfiel, fing sie ihn flink.

So etwas gelingt natürlich dem Professor nicht: als er das Ding wieder in die Hände bekommt, entgleitet es ihm und plumpst so heftig auf den Boden, dass das ganze Haus erschüttert wird.

Während dieses Spielchens treffen die anderen Partygäste ein, darunter auch ein halbes Dutzend Agenten, deren Versuch, sich Kadosas zu bemächtigen, zum dramatischen Aktionshöhepunkt führt.

Der aber soll hier nicht verraten werden, denn dieser „Afro-James-Bond" Buch ist ein spannender Lesespaß.

Sein Autor David G. Maillu (geb. 1939) besuchte von 1959 bis 61 eine Kunstgewerbeschule und arbeitete danach als Dekorationsmaler für die East African Airways und als Grafiker beim kenianischen Fernsehen. Er spielt Gitarre und veröffentlichte mehrere Platten mit Liedern. Er lebt als freier Schriftsteller in Nairobi und ist mit einer deutschen Frau verheiratet. Seine Bücher, darunter noch weitere, von ihm so genannte „Afro-James-Bond" – Romane, sind in seinem eigenen, 1972 gegründeten Verlag erschienen.

13. Mutterfreuden

Buchi Emecheta: Zwanzig Säcke Muschelgeld.
Aus dem Englischen von Helmi und Jürgen Martini.
Frauenbuchverlag 1983, 264 Seiten

Abends um sieben schickt Buchi Emecheta ihre fünf Kinder ins Bett, dann setzt sie sich an die Schreibmaschine, wo Romane, Kinderbücher, Fernsehstücke und Hörspiele entstehen. Als Achtzehnjährige kam die 1944 geborene Nigerianerin mit ihrem Mann und ihren ersten beiden Kindern nach England. Ihr Mann studierte, sie bekam drei weitere Kinder und lernte die Alltagswirklichkeit der in England lebenden Afrikaner kennen. Nach der Scheidung lebte sie zunächst von Sozialhilfe, arbeitete dann als Sozialarbeiterin, studierte später Soziologie. 1972 erschien ihr Erstling „In the Ditch" (Im Graben), der mit dokumentarischer Genauigkeit die Schwierigkeiten einer in London allein erziehenden Afrikanerin beschreibt. Wichtigste Erkenntnis aus diesem Buch ist die Tatsache, dass gerade die gut gemeinten Hilfen der sozialen Institutionen diese Frauen oft erst recht ins psychische Elend treiben: in den Slums sind die äußeren Lebensbedingungen zwar abstoßend, aber es gibt Kontakte, die gerade für eine Frau mit Kindern wichtig sind, denn sie erhält eine gewisse Freiheit durch die ständige Verfügbarkeit von Bekannten zur Betreuung ihrer Kinder. Nach dem Umzug in die subventionierte Sozialhochhauswohnung verfügt sie zwar über ein hygienisches Badezimmer, aber die Kinder können ohne ihre Hilfe nicht einmal den Aufzug nehmen; die sozialen Kontakte sind abgeschnitten, das tägliche Leben wird für Kinder und Mütter schwerer. Unter den Veränderungen leiden vor allem die Frauen, an ihnen geht die Modernisierung der Umwelt oft vorbei. Das gilt besonders für die Frauen der Dritten Welt. Buchi Emecheta wendet sich in ihren späteren Romanen der Gesellschaft zu, aus der sie stammt: den ostnigerianischen Ibo, einem Volk, das überwiegend von Ackerbau und Handel lebt und zugleich die meisten nigerianischen und einige der berühmtesten afrikanischen Autoren überhaupt stellt.

Schon lange vor der Unabhängigkeit Nigerias im Jahre 1960 sind viele Ibo nach Lagos gezogen, um sich in der Hauptstadt ein neues Leben aufzubauen, das mit dem ländlichen Alltag fast nichts mehr gemein hatte. Buchi Emecheta geht es um die Frauen, die die Männer in dieses neue Leben begleiten, das nicht für sie gemacht ist. Die Autorin kennt die Probleme aus eigener Anschauung, denn sie selber ist nicht in ihrer Heimat Iboland, sondern in der Nähe der Hauptstadt Lagos geboren. So könnte Nnu Ego, die Heldin des ersten ins Deutsche übersetzten Buches von Buchi Emecheta, ihre Mutter sein.

Im Original heißt dieser 1979 in London erschienene Roman „The joys of motherhood" (Die Freuden der Mutterschaft), und dieser Titel ist ironisch gemeint.

Denn in Afrika – wie fast überall auf der Welt – wird eine Frau erst dann ernst genommen, wenn sie Kinder geboren hat. Sind es Söhne, darf sie bei den Ibo den Titel „Vollwertige Frau" tragen und einmal über ihre Schwiegertöchter herrschen. Sind es Töchter, so hat sie doch zumindest den Beweis ihrer Fruchtbarkeit geliefert. Töchter gelten bei den Ibo als Kinder der Liebe. Sie bleiben bei der Mutter und werden für den Vater erst dann interessant, wenn um den Brautpreis, den der künftige Schwiegersohn zahlen muss, verhandelt wird.

Nnu Ego hat ihrem Vater zwanzig Säcke Muschelgeld eingebracht. Sie ist mit dem Mann, der diese hohe Summe für sie bezahlt hat, zunächst auch sehr glücklich. Aber leider schwindet dieses Glück Monat für Monat ein Stückchen mehr, denn Nnu Ego wird nicht schwanger. Allzu schnell gibt ihr Mann Amatokwu dem Drängen seiner Familie nach, eine zweite Frau zu nehmen, und als diese ein Kind erwartet, zählt Nnu Ego nur noch als Arbeitskraft auf dem Feld.

Bei der Feldarbeit kommandierte Amatokwu sie genauso herum wie alle anderen. Sie blieb mitten auf dem Feld stehen und sagte unvermittelt: „Amatokwu, weißt du noch, wie ich bei dir einzog? Weißt du noch, wie du hier, nur unter dem Schutz des Himmels, mit mir zusammen sein wolltest? Was ist mit uns geschehen, Amatokwu? Ist es meine Schuld, dass ich dir kein Kind geboren habe? Glaubst du, ich leide nicht ebenso darunter?"

„Was verlangst du von mir?", fragte Amatokwu. „Ich habe viel zu tun. Ich habe keine Zeit, meinen kostbaren Samen an eine unfruchtbare Frau zu verschwenden. Ich muss Kinder zeugen, um den Bestand meines Namens zu sichern. Wenn du die

Wahrheit wissen willst: Du ziehst mich nicht mehr an. Du bis vertrocknet und ru-
helos. Wenn ein Mann die Nähe seiner Frau sucht, will er seine Hitze loswerden
und sich nicht an einer nervösen, dürren Frau wundscheuern."

„Als ich zu dir kam, sah ich nicht so aus", entgegnete Nnu Ego mit schwacher
Stimme. <...>

„Ich werde meine Pflichten erfüllen", sagte Amatokwu. „Ich werde dich in dei-
ner Hütte besuchen, wenn meine Frau ihr Baby stillt. Doch jetzt hilf wenigstens bei
der Yamsernte, wenn du schon keine Söhne gebären kannst."

Nnu Egos Vater schickt Atokwa die zwanzig Säcke Muschelgeld zurück und
verheiratet seine Tochter an Nnaife, der in Lagos lebt, denn es ist ihm ganz
recht, dass seine Tochter den Ort, an dem sie es nicht zu den Ehren der Mutterschaft gebracht hat, verlässt.

Nnu Ego akzeptiert ihr Schicksal. Sie lässt sich von Nnaifes älterem Bruder
auf der vier Tage dauernden Reise nach Lagos begleiten. Dort arbeitete Nnaife
als Wäscher bei einer englischen Familie. Nnu Ego ist nicht nur von der
Hässlichkeit ihres Ehemannes, den sie ja vorher nicht gesehen hat, sondern
auch von seinem würdelosen Beruf entsetzt, denn Wäsche waschen ist traditio-
nell – wie auch in Europa – Frauenarbeit.

Aber als Nnu Ego schon kurze Zeit nach ihrer Ankunft in Lagos schwan-
ger wird, findet sie sich mit allem ab. Sie genießt ihren Zustand, sieht ihren
Mann nur selten und schließt sich an andere Ibo-Frauen, die in Lagos leben, an.
Von ihnen lernt sie, wie sie durch den Handel mit einzelnen Zigaretten und
Streichholzschachteln zu eigenem Geld kommt und erfährt, dass ihr Leben mit
Nnaife sich von dem anderer Ehepaare in der Großstadt kaum unterscheidet.

Der Familiensinn, den ein einfacher Bauer seinen Frauen, seinem Haushalt, seinem
Hauswesen entgegenbrachte, ging in Lagos in der Arbeit bei den Weißen, der Freude
an teuren „lappas" (Tüchern, die zum Rock geschlungen werden) und einem bis-
schen glänzenden Plunder verloren. Wenige Männer in Lagos hatten die Muße, in
Ruhe die Tätowierungen ihrer Frauen zu bewundern, geschweige denn ihnen
Geschichten von Tieren zu erzählen, die sich im Wald aneinander kuscheln, wie der
Mann im Dorf, der mit seiner Lieblingsfrau das Freie suchte, um mit ihr unter dem
Schutz des Himmels zu schlafen, oder mit ihr gemeinsam im Fluss zu baden und
sich gegenseitig den Rücken zu schrubben.

Wenn wir uns an Nnu Egos erste Ehe mit dem Mann, den sie liebte, erinnern,
so wird deutlich, dass auch diese ländliche Idylle ihren Glanz durch die
Unzufriedenheit der Frauen in Lagos bekommt. Aber immerhin hätte die dörf-
liche Gemeinschaft den Frauen die Ernährung und die Erziehung ihrer Kinder
erleichtert. Weder der Autoverkehr noch der Schmutz der Großstadt hätten die
Kinder in ihren Spielen beeinträchtigt, und innerhalb der Großfamilie wäre

eine Geborgenheit zu erwarten gewesen, die die Großstadt diesen Frauen nicht bieten kann.

Aber Nnu Ego bekommt endlich den lang ersehnten Sohn, ja sogar mehrere Söhne und auch Töchter. Sie akzeptiert Nnaife, weil er aus ihr eine „vollwertige Frau" gemacht hat.

Aber Buchi Emecheta wäre keine Soziologin, wenn sie Nnu Ego an diesem Punkt in das zufriedene Leben einer Ibo-Frau, eben in die „Freuden der Mutterschaft", entlassen hätte. Im Gegenteil: Die Schwierigkeiten beginnen nun erst, denn die Gesellschaft hält nicht ein, was sie einer Frau, die Söhne zur Welt bringt, verspricht. In ihrer Heimat hätte Nnu Ego nun ihre Mutterfreuden genießen können, sie wäre geehrt und beschenkt worden und hätte auf die Wahl einer Zweitfrau für ihren Mann Einfluss nehmen können. Sie hätte sich eine Mitfrau ins Gehöft geholt, die ihr die schwersten Arbeiten abgenommen hätte und wäre als „erste Frau und Mutter von Nnaifes Söhnen" eine selbständige, geachtete Persönlichkeit gewesen.

In der Großstadt ist alles anders. Zunächst verliert Nnaife seine Arbeit, weil seine Herrschaft wegen des beginnenden Weltkrieges nach England zurückkehrt. Mühsam ernährt Nnu Ego die immer größer werdende Familie mit ihrem Kleinhandel. Ihre Kinder sind zwar nicht hungrig, werden aber einseitig ernährt. In diesem Teil des Buches wird deutlich, dass Hunger in Afrika nicht so sehr spektakuläres Verhungern in Dürre- und Kriegsgebieten ist, sondern vor allem die unausgewogene Ernährung, die Mangelerscheinungen und erhöhte Krankheitsanfälligkeit vor allem in den großen Städten nach sich zieht. Als es Nnu Ego finanziell besser geht, sie sich auch mit ihrem Mann recht gut versteht, der nach mehrmonatiger Arbeit auf See wieder zurückkommt, tritt eine Änderung in ihrem Leben ein, mit der sie nicht mehr rechnete, denn ihr Mann ist Christ und hat sich nie nach einer zweiten Frau umgesehen. Als aber sein älterer Bruder stirbt, verlangt die Sitte, dass er dessen Frauen übernimmt. Die jüngste – und hübscheste – dieser Frauen steht nun eines Tages vor Nnu Egos Haustür.

Nnu Ego mochte ihren Augen nicht trauen, als sie eines Nachmittags vom Markt nach Hause kam und diese junge Frau vor ihrer Haustür vorfand. Auf ihren Knien schlief ein vierjähriges Mädchen. Nnu Ego erschien sie beneidenswert attraktiv, jung und wohl gerundet, wie es einer Frau gut stand <...> Eifersucht, Angst und Zorn tobten abwechselnd in Nnu Ego. „Lass nur, Erste Frau, ich trage dir die Sachen vom Markt hinein. Setz dich und kümmere dich um die Babys. Zeig mir nur die Kochstelle, dann mache ich dein Essen fertig."

Nnu Ego starrte sie an. Sie hatte schon so sehr den Kontakt zu ihren Leuten verloren, dass sie sich nicht nur alt vorkam, als diese Person sie „Erste Frau" nannte, sondern auch völlig isoliert, wie eine Ausgestoßene. Sie ärgerte sich. Auf dem Land war das etwas ganz anderes, so angesprochen zu werden; dort gewann man mit dem höheren Rang an Ansehen. Das galt zwar auch in Lagos, aber in anderem

Maße. Sie hatte sich daran gewöhnt, die einzige Frau im Hause zu sein, Nnaife ganz für sich zu haben.

Und nun muss sie auch noch auf dem Fußboden neben dem Bett schlafen, das sich Nnaife mit seiner neuen Frau teilt. Auf dem Lande hätte wenigstens jede Frau ihre Hütte und ihre Kochstelle für sich gehabt. Nnu Ego klammert sich noch mehr an ihre Kinder und gewinnt etwas Selbstbewusstsein zurück, als sie bald Zwillinge bekommt, Adakus erstes Kind von Nnaife nach ein paar Wochen aber schon stirbt. Andererseits verliert sie aber auch den Kontakt zu den anderen Ibo-Frauen, die ihre Eifersucht nicht verstehen. Dazu werden die Geldnöte wieder größer, denn Nnaife muss ja nun eine Frau und drei Kinder mehr versorgen, und das enge Zusammenleben mit der großen Familie treibt ihn immer öfter aus dem Haus. Nnu Ego, die wieder schwanger ist, überdenkt ihr Leben.

Nnu Ego begriff, dass sie eine Gefangene war. Sie war gebunden durch die Liebe zu ihren Kindern und die Rolle als ranghöchste Frau. In ihrem Dorf würde ihr eine eigene Hütte gehören und man würde ihr wenigstens ihrer Stellung entsprechend begegnen. Aber hier in Lagos war der Alltag hart und sie musste mit einem Hungerlohn auskommen.

Anscheinend war es nur die Pflicht, die ihr als einziges Erbe aus ihrer bäuerlichen Welt geblieben war, aber kein Lohn.

Adaku, die zweite Frau, ist es schließlich, die diese unharmonische Familie verlässt. Sie hat Nnaife nur eine Tochter, aber keinen Sohn geschenkt und hält es mit der eifersüchtigen Nnu Ego nicht mehr aus. Sie wird – und das scheint die einzige Alternative zum demütigen Ehefrauendasein zu sein – Prostituierte. Bald zeigt sie sich in den schönsten Kleidern auf dem Markt und lässt ihre ehemalige Mitfrau wissen, sie lasse ihre Töchter in einem vornehmen Internat erziehen. Nnu Ego steckt nun alles Geld und alle Kraft in die Ausbildung ihrer Söhne. Aber diese denken nicht daran, die Schule zu verlassen, um mit ihrem Einkommen das Leben der Mutter zu erleichtern. Sie gehen aufs Gymnasium und schließlich zum Studium nach Amerika. Ihre Mutter verzehrt sich in Erwartung ihrer Rückkehr, von der nie die Rede ist; ja, es geht sogar das Gerücht um, ihr Ältester habe eine Weiße geheiratet.

Eine Zeitlang ertrug Nnu Ego diesen Druck, doch allmählich gaben ihre Nerven nach. Sie wurde geistesabwesend, und man redete darüber, sie sei seelisch ja nie die Stärkste gewesen. Sie erzählte den Leuten, ihr Sohn sei in „Emelika", und sie habe noch einen Sohn, der auch im Lande der Weißen lebte.

Eines Nachts legte sie sich am Straßenrand hin, weil sie sich in ihrem Haus wähnte. Dort starb sie unbemerkt; keines ihrer Kinder hielt ihre Hand, kein

Freund redete mit ihr. Sie hatte niemals viele Freundschaften geschlossen, ihr Mutterglück zu sichern hatte sie so in Anspruch genommen.

Keine fünfzig Jahre ist Nnu Ego alt geworden, und ihr Leben ist wohl typisch für die Generation von Frauen, die den Wandel von der bäuerlichen Gesellschaft zum Großstadtleben so unvorbereitet vollzogen haben. Innerhalb dieses Lebensschicksals aber beschreibt Buchi Emecheta die Fallen, die die Natur den Frauen durch den Gebärzwang stellt. Sicherlich gibt es die natürliche Mutterliebe, die Freuden der Mutterschaft, aber sie wird von der Männergesellschaft vor allem der Dritten Welt zur Festigung ihrer Vorherrschaft ausgenutzt, so dass dort alle Maßnahmen zur Geburtenkontrolle und damit zur Verringerung der Wachstumsrate der Menschheit, wie sie seit Jahrzehnten diskutiert wird, nur greifen können, wenn das Bewusstsein der Männer geändert wird und die Frauen ihre Daseinsberechtigung nicht mehr durch Mutterschaft beweisen müssen.

14. Eine Familiensaga vom Victoria-See

Aniceti Kitereza: Die Kinder der Regenmacher.
Herr Myombekere und Frau Bugonoka. Roman.
Aus dem Swahili übersetzt und mit einem Nachwort von
Wilhelm J.G. Möhlig.
Peter Hammer Verlag 1991, 332 Seiten

Der Schlangentöter. Ntulanalwo und Bulihwali.
Aus dem Swahili übersetzt und nach dem Kikerewe-Original gestaltet
von Wilhelm J.G. Möhlig.
Peter Hammer Verlag 1993, 335 Seiten

Wie wichtig ist die Entstehungsgeschichte eines Romans für seine Wirkung? Darüber streiten die Literaturwissenschaftler immer noch. Aber wie es zu dem Roman „Die Kinder der Regenmacher" kam, das ist schon eine spannende Geschichte für sich, und wir sind Professor Möhlig, der das Buch direkt aus dem Suaheli übersetzt hat, deshalb auch für sein ausführliches Nachwort dankbar. Darin erfahren wir, dass der 1896 geborene Aniceti Kitereza als Kind am königlichen Hof auf der Insel Ukerewe im südöstlichen Victoria-See lebte. Dieser Teil des Sees gehörte damals zu Deutsch-Ostafrika. Als Neunjähriger kam er auf die Missionsschule der Weißen Väter. Dort lernte er nicht nur Deutsch, die Sprache des Kolonialherrn, sondern auch Latein und Griechisch, Französisch und – im Selbstunterricht – Englisch. Er verdiente seinen Lebensunterhalt als Lehrer und Übersetzer im Dienst der katholischen Mission und schrieb – auf Anregung der Missionare – Sitten und Gebräuche des Kerewe-Volkes auf. Außerdem arbeitete er an einem Roman. 1945 zeigte er einem Pater sein gewaltiges Manuskript, das er in seiner Muttersprache Kikerewe geschrieben hatte, einer nur wenig verbreiteten Sprache, in der eine Drucklegung zu teuer geworden wäre. Der Pater, der die Bedeutung des Romans erkannte und Sponsoren suchte, starb jedoch sehr bald. 1968 übersetzte Kitereza sein Werk ins Suaheli, auf den Rat des Ethnologen-Ehepaars Hartwig, das das fast 900 Seiten starke Manuskript weiterleitete. 1981 erschienen endlich die beiden Bände. Das Tanzanian Publishing House hatte sie in China drucken lassen. Aber Kitereza konnte sein Werk nicht mehr in Buchform sehen: er starb zwei Wochen, bevor die ersten Exemplare per Schiffspost in Tansania eintrafen.

Aniceti Kitereza, dessen Foto den Buchumschlag schmückt, muss ein außergewöhnlicher Mann gewesen sein, nicht nur wegen seiner Kenntnisse und Fähigkeiten, sondern auch in seinem Privatleben. Er war mehr als sechzig Jahre lang mit ein und derselben Frau verheiratet. Die vier Kinder aus dieser Ehe starben, ehe sie erwachsen wurden. So ist der erste Teil seines Romans autobiographisch geprägt. Denn auch Herr Myombekere und seine Frau Bugonoka haben nach zwei Fehlgeburten keine Kinder bekommen. Sie leben auf einem kleinen Bauernhof auf der Ukerewe-Insel im östlichen Teil des Victoria-Sees. Sie bebauen ihre Felder und besitzen eine stattliche Rinderherde.

Das Paar hatte schon viele Jahre kinderlos verbracht. Myombekeres Sippe war darüber immer unruhiger geworden. Seine Verwandten machten ihm Vorhaltungen: „Wie kannst du, unser Sippenbruder, es nur zulassen, dass die Blüte deiner Mannesjahre umsonst dahinwelkt? Wozu sind deiner Meinung nach die Menschen wohl auf der Welt? Ist nicht der Fortbestand unserer Sippe allein dadurch gewährleistet, dass wir Nachkommen hervorbringen? Hätten dein Vater und deine Mutter dich nicht gezeugt, wie wärest du wohl auf die Welt gekommen? Wegen deiner eigenen Zeugungskraft mach dir nur keine Gedanken! Männer können immer Kinder zeugen und benötigen daher auch keinerlei Fruchtbarkeitsmedizin…" Myombekere fragte seine Verwandten, was er ihrer Meinung nach tun solle. Worauf sie ihm vorschlugen, seine Frau zu verstoßen und eine andere zu heiraten.

Aber soweit lassen es Myombekeres Schwiegereltern nicht kommen. Sie holen ihre Tochter nach Hause, um sie den Beleidigungen von Myombekeres Verwandtschaft zu entziehen. Der Besuch, den Bugonokas Eltern zu diesem Zweck im Heim der jungen Leute abstatten, wird minutiös geschildert. Wir erfahren alle Einzelheiten der komplizierten Begrüßungsrituale. Da gibt es besondere Grußformeln für jüngere Leute gegenüber älteren, und umgekehrt, sowie für ein Wiedersehen nach mehr als einjähriger Trennung. Männer tragen ihre Jagdwaffen bei sich, die ihnen der Gastgeber abnimmt. Jeder Gast erhält einen angemessenen Sitzplatz. Der Schwiegersohn darf die Schwiegermutter aus Ehrerbietung nicht anschauen, deshalb bleibt sie zunächst vorm Hoftor stehen und geht dann gleich in die dunkle Hütte, durch deren Tür sie sich mit dem Schwiegersohn unterhält und in der sie später mit der Tochter essen wird. Von solchen Details abgesehen, verläuft vieles wie bei uns. Die junge Frau demonstriert ihre Kochkünste, die Eltern lassen ihre mit Sprichwörtern gewürzte Weisheit sprühen. Man plaudert über dieses und jenes, ehe man zur Sache kommt. Und dann muss Bugonoka ihre Sachen packen und ihre Eltern nach Hause begleiten.

Schweren Herzens begleitet Myombekere sie ein Stück weit, wobei er die Waffen des Schwiegervaters trägt und darauf achtet, der Schwiegermutter nicht ins Gesicht zu schauen. Man verabschiedet einander mit zeremoniellen Wünschen, und Myombekere kehrt allein in sein Haus zurück.

Auch bei uns gibt es Probleme, wenn die Hausfrau ihr Reich verlässt. Da muss der Mann manchen Handgriff tun, der ihm möglicherweise widerstrebt. Aber in Afrika ist es noch schlimmer. Da macht die Ukerewe-Insel, deren Bräuche dem Roman zugrunde liegen, keine Ausnahme, und Myombekere leidet entsetzlich.

Die Tatsache, dass er ein Mann war, versetzte ihn in eine schwierige Lage. Häufig blieb er den ganzen Tag über ohne Nahrung. Erst abends zündete er aus Kuhdung ein kleines Feuer an, um in der heißen Asche Kartoffeln und Maniokknollen zu rösten. Manchmal ging er aber auch hungrig zu Bett. Um die ganze Wahrheit zu sagen: Die Milch seiner Kühe ließ er solange stehen, bis sie verdarb. Und das alles nur, weil man ihm die Frau genommen hatte.

Im Kerewe-Land kümmern sich vor allem die Frauen um den Hof. Wenn sich jemand von seiner Frau trennt, sieht sein Gehöft bald traurig aus. Ja, so ist es! Es gilt für einen Mann als große Schande, Frauenarbeit zu verrichten. Dazu gehört zum Beispiel Getreide mahlen, klein geschnipselten Maniok im Mörser stampfen, Essen kochen, Gemüse ernten und Wasser holen. Selbst wenn das Mehl schon fertig ist, zieht ein Mann es immer noch vor, hungrig schlafen zu gehen, als einen kochenden Topf vor seinen Füßen stehen zu haben.

So oft es geht, besucht er seine Verwandten, in der Hoffnung, zum Essen eingeladen zu werden. Schließlich schickt man ihm eine unverheiratete Nichte als Köchin und einen Neffen, der sich um sein Vieh kümmert. Wie gut, dass immer Kinder für die Arbeit zur Verfügung stehen! Aber Myombekeres Problem ist damit nur zum Teil gelöst. Er liebt seine Frau, fühlt sich einsam und will aber keine andere heiraten. Er nimmt die Gespräche mit den Schwiegereltern wieder auf. Solange man ihm den Brautpreis nicht zurückgezahlt hat, bleibt Bugonoka seine offizielle Frau. Da auch Bugonoka ihren Mann liebt, können die Eltern auf Dauer das Zusammenleben der beiden nicht verhindern. In einer großen Transaktion ersteht Myombekere eine riesige Menge Bananen, die er mit Hilfe aller Nachbarn zu Bier verarbeitet. Mit acht Tonkrügen voll Bier löst er seine Frau aus, der Rest reicht für ein großes Fest anlässlich ihrer Rückkehr.

Dann beginnt der Alltag wieder: ein arbeitsreicher Alltag in Haus, Hof und Feld; vor allem aber muss jetzt das Problem der Kinderlosigkeit ernsthaft angegangen werden. Beide unterziehen sich einer langwierigen, ausgefeilten Therapie, in der wir die Ehefrau des Medizinmannes als dessen Assistentin und als eine im Privatleben recht säumige Köchin erleben. Aber, und das ist das Wichtigste: Bugonoka wird wieder schwanger. Nun muss sie, um das Kind nicht wie die früheren zu verlieren, eine ganze Reihe von Tabus beachten. Nur etwas ist nicht tabu: die Feldarbeit. Bugonoka schuftet jeden Tag auf dem Hirsefeld, damit die Leute nicht schlecht über sie reden. Und wie das Zeugen von Kindern wird auch die Produktion von Nahrung immer im Zusammenhang mit dem Tod gesehen.

Außerdem dachte sie bei sich: „Sollte ich sterben, macht es nichts, wenn ich einen genügend großen Nahrungsvorrat angelegt habe. Es liegt in der Natur aller Menschen, dass sie bei ihrem Tode etwas vererben. Wenn ich sterbe, werden sich viele Leute zu meiner Trauerfeier einfinden und lange verweilen, wobei sie ihre Gedanken dem widmen, was ich ihnen hinterlasse. Aber wenn es auf dem Gehöft keine Nahrungsmittel gibt, wer wird dann schon an der Trauerfeier teilnehmen?"

Bugonoka strengte sich also sehr an, viel bei der Feldarbeit zu leisten und nahm auf ihre Gesundheit keine Rücksicht. Sie hatte nicht die Angewohnheit, sich aus Angst, schwere Baumstämme oder Buschwerk bewegen zu müssen, krank zu stellen. Auch ließ sie ihre Hacke nicht auf dem Feld liegen, um auf den Feldern anderer unter dem Vorwand, etwas Schnupftabak holen zu gehen, zu tratschen.

Es wird viel gearbeitet im Ukerewe-Land. Man ist lange vor Sonnenaufgang auf den Beinen, und jeder weiß, was er zu tun hat.

Menge und Art der Arbeit erscheinen als von Vernunft und Tradition bestimmt; ausbeuterische Verhältnisse kommen nicht vor, werden zumindest nicht beschrieben. Während Bugonoka Kartoffeln pflanzt, legt Myombekere eine Bananenpflanzung an, die eine ungeheure Vorarbeit erfordert. Sechs Gründe werden genannt, aus denen sich Myombekere dazu entschließt. Sie beziehen sich alle auf die wirtschaftliche Nutzung, den Profit, den er sich davon verspricht. Materieller Wohlstand hebt auch das Ansehen in der Gesellschaft, und das ist für ihn, der unter dem Makel der Kinderlosigkeit leidet, eine wichtige Triebfeder. Er selber trifft diese und andere Entscheidungen, nachdem er sich mit seiner Frau beraten hat. Natürlich gibt es auch Fälle, in denen eine übergeordnete Autorität gefordert ist. Etwa bei Streitigkeiten unter Nachbarn, wenn die Herde des einen das Feld des anderen abfrisst und zertrampelt. Dann tritt der Dorfrat unter dem Vorsitz des Bürgermeisters zusammen und entscheidet über die Höhe der Entschädigung. Oder wenn die Vogelplage alle Felder trifft, dann ist der Bürgermeister zuständig, oder besser gesagt, der Landrat, denn es handelt sich nicht um Dörfer sondern um einzelne, verstreut liegende Gehöfte. Er bestellt den Vogeldoktor, sorgt dafür, dass dessen Vorschriften eingehalten werden und organisiert nach dem erfolgreichen Vertreiben der Vögel von den Feldern die gemeinschaftliche Bezahlung. Hier schildert Kitereza möglicherweise einen Idealzustand, denn es ist schwer vorstellbar, dass die Konflikte in dieser Gemeinschaft immer so problemlos beigelegt werden können. Dagegen kann man in heute noch einigermaßen intakten ländlichen Gegenden Afrikas erleben, dass wenn die Arbeit auch noch so schwer ist, niemand überfordert wird, denn man hilft sich gegenseitig. Wenn Bugonoka ihre Eltern besucht, kümmert sich eine Nachbarin derweil um die Milchverarbeitung. Bei umfangreicheren Haushaltstätigkeiten packen Nachbarinnen und Verwandte mit an. Und für Stoßzeiten auf dem Feld gibt es die Einrichtung der Gemeinschaftsarbeit, genannt Obuyobe.

Auch ihr ist ein ganzes Kapitel gewidmet. So selbstverständlich im 19. Jahrhundert, in der Zeit, in der Kiterezas Roman spielt, die Gemeinschaftsarbeit noch gewesen sein mag, nichts spielte sich ohne ausführliche Besprechung ab; und man gewinnt den Eindruck, dass die begleitenden Gespräche Teil der Bräuche sind, nicht nur Erklärungen für den Leser.

Als Myombekere sah, dass es Tag für Tag ohne Unterlass regnete, beriet er sich mit Bugonoka, welche Leute zur Gemeinschaftsarbeit eingeladen werden sollten. Sie brauchten Helfer beim Jäten sowohl der Büschelhirse als auch der Kolbenhirse. Zunächst schickten sie Kagufa, ihren Neffen, der bei ihnen aufwuchs, zu seiner Mutter, einer älteren Schwester Myombekeres, um sie herbeizurufen. Als sie kam, erklärte ihr Myombekere, warum er sie hatte rufen lassen. Sie ging sofort auf Myombekeres Bitten ein: „Warte, ich will deinem Schwager ein paar gute Worte geben, dass er Leute zusammenruft, die bereit sind, euch beim Jäten der Hirse zu helfen. Sonst erstickt sie bei dem vielen Regen noch im Unkraut".

Sie erklärte ihrem Mann Myombekeres Schwierigkeiten in der richtigen Weise, und jener war sogleich zu helfen bereit: „Beunruhige dich nur nicht, meine Frau, das ist doch keine große Sache. Erleben wir es nicht ständig, dass sich die Leute gegenseitig bei der Arbeit helfen, selbst wenn sie nicht miteinander verwandt sind? Wie könnte ich wohl denjenigen, der mir bei der Gründung meiner Familie half, im Stich lassen? Täte ich dies, wäre es eine große Schande für mich. Wenn Myombekere mit überreicher Ernte gesegnet ist, freut mich das ungemein, und ich bin sehr dankbar dafür. Diese sichert auch unsere Ernährung, denn er kann uns, das heißt dich, mich, seine Neffen und Nichten, nicht hungern lassen, wenn er selbst im Überfluss hat."

Natürlich wird die Gemeinschaftsarbeit auch von einem großen Fest gekrönt. So geht es in allen bäuerlichen Gesellschaften zu. Wer viel arbeitet, darf auch viel feiern. Wer hat, dem wird gegeben werden. Hilf dir selbst, dann hilft dir Gott. Kitereza, der schon früh die Bekanntschaft des Kolonialismus machte, muss gespürt haben, dass diese durchaus auch afrikanische Arbeitsmoral unter dem Druck der Fremdherrschaft keinen Bestand mehr haben würde. So bekommt sein spannender Bericht aus dem bäuerlichen Leben auf einer afrikanischen Insel eine tragische Dimension: Kitereza schreibt, um für die Überlieferung zu retten, was schon dem Untergang geweiht ist. Gewiss, es ist nicht das Paradies. Es ist ein Leben, das bescheidenen Wohlstand mit schlichten Mitteln einer durchaus auch feindseligen Natur abringt. Aber es ist ein Leben in größtmöglicher Harmonie mit der Natur und den Mitmenschen, in ständigem Nachdenken über den Sinn des Lebens und in dauernder Präsenz des Todes, der hinter Krankheiten und Unfällen lauert. Besiegt wird der Tod letztlich nur durch neues Leben: darum ist es so wichtig, Kinder zu haben, und darum bedeutet kinderlos zu sterben doppelten Tod.

Nachdem uns der Autor in aller Ausführlichkeit über Bugonokas Schwangerschaft informiert hat, erleben wir zum Schluss des ersten Bandes noch mit, wie der lang ersehnte Sohn unter allgemeiner Anteilnahme zur Welt kommt.

Der zweite Band der Familiensaga beginnt mit den Zeremonien, in die die Pflege des neugeborenen Ntulanalwo und seiner Mutter eingebettet ist. Schon der Säugling muss viele Krankheiten durchmachen, die dem Leser alle Illusionen vom naturnahen Leben im vorkolonialen Afrika rauben. Geheilt wird er jedes Mal durch eine Kombination von Medikamenten und Verhaltensweisen, die auch das elterliche Eheleben regeln. Man kann in den vielen Vorschriften, die der Heiler formuliert, psychologische Hintergründe finden. Nach dem Abstillen wird das Kind anderen Familienmitgliedern zur Erziehung übergeben, den Großeltern oder Onkel und Tante, während die Mutter sich ganz dem nächsten Kind widmet. Das ältere wird erst dann wieder nach Hause geholt, wenn es selbstständig genug ist, um in der Familie mitzuhelfen.

„Der Schlangentöter" – das ist Ntulanalwos Ehrenname – verfolgt sein Leben und das seiner Schwester Bulihwli bis zu deren Tod, wobei das Beispielhafte dieser Lebensläufe betont wird. Am Schicksal anderer Personen werden aber auch andere Lebensformen im Ukerewe-Land des 19. Jahrhunderts gezeigt. Diese Familiensaga ist also Dokumentation und Roman zugleich.

Kofi Baiden · Ghana · Play on

Kofi Baiden · Ghana · Local musicians

Kofi Baiden · Ghana · Xylophobis

Kofi Baiden · Ghana · Reliance

Kofi Baiden · Ghana · Local musicians

Kalidou Kassé · Senegal · La Teranga 115 (o) · La Teranga 124 (u)

Kalidou Kassé · Senegal · CIMG3333

Kalidou Kassé · Senegal · La Teranga 118

15. Das Reich der Kindheit

Wole Soyinka: Aké – eine Kindheit.
Aus dem Englischen von Inge Uffelmann.
Ammann Verlag 1986. 355 Seiten

Als der Nigerianer Wole Soyinka 1986 mit dem Literaturnobelpreis ausgezeichnet wurde, gab es viel Zustimmung, aber auch Verwunderung. Ein namhafter Literaturredakteur meinte gar, dies bedeute nun keineswegs, dass man die Werke dieses Autors lesen müsse.

Die westliche Kritik hat sich schon immer schwer getan mit dem damals schon mehr als einem viertel Jahrhundert auf der literarischen Bühne präsenten Multitalent. An seiner Sprache, seinem – wie Kenner sagen – perfekten Englisch, ist nichts auszusetzen. Aber seine Leichtfertigkeit im Umgang mit Kompositionsprinzipien stieß auf Skepsis, und für das große Publikum galten Soyinkas Romane als zu schwierig. Seine hermetische Dichtung, seine komplizierte Prosa bot Themen für Dissertationen an den Universitäten der ganzen Welt. Dem Fleiß der Wissenschaft verdanken wir die genaue Kenntnis der Ausdehnung von Soyinkas Wortschatz: er soll elftausend Wörter umfassen, darunter eine ganze Reihe eigener Schöpfungen, wie zum Beispiel den philosophischen Begriff der „voidancy" in seinem Roman „The interpreters", der in der unter dem Titel „Die Ausleger" erschienenen deutschen Ausgabe mit „Leerizismus" übersetzt wird.

Auf dieses – mit der Frage nach seiner Leserschaft verbundene – Problem angesprochen, pflegte Soyinka zu antworten: „Keine Sorge, irgendwann werde ich für jeden schreiben."

Und das hat er dann mit seinen Kindheitserinnerungen getan, in denen wir erfahren, wie es im Hause Soyinka während der britischen Kolonialherrschaft zuging. Diese Kindheit hat nichts zu tun mit unseren Vorstellungen aus Jugendbüchern, die in Afrika spielen. In Ake wird weder sorglos in den Tag hinein gelebt noch in Dürre und Elend gedarbt. Gewiss, es ist eine privilegierte Kindheit, die der spätere Nobelpreisträge erleben durfte, aber keine außergewöhnliche und vor allem keine exotische. Vater Soyinka leitet die Schule, die Mutter hat einen Laden; es gibt ein Kindermädchen und natürlich viele Geschwister, die alle liebevoll aber streng christlich erzogen werden. Die fast paradiesische Natur des westafrikanischen Yorubalandes ist für das Kind eng mit den Geschichten aus der Sonntagsschule und den Büchern seines Vaters verknüpft. Da heißt es zum Beispiel über eine im Obstgarten gezogene Frucht:

Der Granatapfel war die Königin von Saba, Aufstand und Krieg, die Leidenschaft der Salome, die Belagerung von Troja, das Lob der Schönheit im Hohen Lied des Königs Salomo. Diese Frucht, die aussah und sich anfühlte, als habe sie ein Herz aus Stein, öffnete uns die Keller des Ali Baba, befreite den Geist aus Aladins Wunderlampe, schlug die Saiten der Harfe, die Davids verwirrte Sinne heilte, teilte die Wasser des Nil und erfüllte das Pfarreigehöft mit Weihrauch aus dem düsteren Tempel Jerusalems.

Die Idylle der Kindheit existiert nicht mehr, wie uns der Autor in gelegentlichen Einschüben wissen lässt, aber dieses Wissen schmälert das Vergnügen nicht, mit dem wir den kleinen Wole an einige Stationen seiner Kindheit begleiten. Am meisten faszinieren die Episoden, in denen die geistigen Traditionen der Yoruba lebendig werden. Wir erfahren, wie die hohe Kindersterblichkeit verkraftet wird: Die Yoruba glauben, dass ein Kind, das in frühem Alter stirbt, ein „Abiku" ist, ein Kind, das nur halb geboren wird, immer wieder ins Jenseits zurückkehrt und im nächsten Kind wieder auf die Welt kommt. Um es zu behalten, müssen die Eltern bestimmte Riten beachten und dem Kind besondere Aufmerksamkeit widmen. Soyinka erzählt gleich im ersten Kapitel von einer kleinen Freundin, die als „Abiku" gilt, weil sie oft krank ist und keine Geschwister hat. Sie nützt die Sorge ihrer Eltern bis zur Erpressung aus und wird in einer Weise verwöhnt, die Wole und seine Freunde neidvoll bewundern. Die animistischen Vorstellungen passen sich bruchlos in ein Christentum ein, das seinen Ausdruck in dem Namen findet, mit dem Woles Mutter gerufen wird: Sie heißt „Wild Christian", die wilde Christin, die sich weigert, ihr „wildes Denken", wie die Christen es nennen, völlig abzulegen. Dennoch erscheint uns „Wild Christian" als ein harmonisches Wesen, eine zufriedene und selbstbewusste Frau. Sie betreibt mit der bei den Yorubafrauen üblichen Selbstständigkeit einen Laden, in dem Wole häufig seine Schulaufgaben macht, und erzählt den Kindern die traditionellen Märchen.

Der Vater wird mit den Initialen seiner Vornamen S.A. gerufen, was für Wole wie die Tätigkeit klingt, die er in der Schule am meisten liebt: das Aufsatzschreiben – „essay writing". Auf Vaters Schreibtisch stapeln sich die Bücher, die den kleinen Wole veranlassen, mit noch nicht drei Jahren seiner großen Schwester in die Schule zu folgen, um nun endlich „die Bücher zu lernen".

Obwohl der Vater eher die europäische Kultur zu vertreten scheint, ist doch sein Elternhaus ein Hort afrikanischer Tradition, die er in lebenswichtigen Augenblicken seinem Sohn weitergibt. In Isara bei den Großeltern feiert die Familie alle wichtigen Feste, vor allem Neujahr. Für Wole ist Isara die Ergänzung zu Ake. Er beschreibt das Haus seiner Großeltern rückblickend so:

Isara war ein zweites Zuhause – Essay war dort geboren. Alle Großeltern wurden Vater und Mutter genannt, und wir sprachen das mit großer Ehrfurcht aus. Dort war das Sparrenwerk rauchig, der üblichen Deckenmatten entblößt. In allen Ecken des Daches steckten Gegenstände, eingehüllt in Blätter oder Leder. Manche waren schon nicht mehr so geheimnisvoll, denn oft langte Vater in ein solches Bündel, das

aussah, als habe sich die Ansammlung einer hundertjährigen Dürre darauf abgela-
gert. Und doch kam daraus nichts Verwunderlicheres zum Vorschein als Kolanüsse
oder Schnupftabak. Isara war eine andere Art von Zuhause, es lage einige Schritte
weit in der Vergangenheit. Alter hing in jeder Ecke, die Patina einer langen
Ahnenreihe überzog alle Gegenstände, alle Gesichter <…>
   Neujahr bedeutete Isara, geräuchertes Schweinefleisch, der Geschmack von
Holzrauch, roter Staub der Trockenzeit, trockenes Dachstroh. Isara steckte voller
unerwarteter Wonnen. So etwa, wenn Vater aus dem Sparrenwerk wieder eines die-
ser geheimnisvollen Bündel herunterangelte und sich zeigte, dass geräuchertes Wild
darin war, ohne Alter in seiner Konservierung.

Der heranwachsende Junge erfährt von den Problemen des kolonialisierten
Volkes. Bei seiner Mutter treffen sich die Frauen, um lesen und schreiben zu ler-
nen und ihre Schwierigkeiten zu besprechen. Wole hilft seiner Mutter beim
Unterrichten und hört die Klagen der Frauen, die als Händlerinnen eigenes
Geld verdienen und damit ihre Kinder ernähren. Sie leiden am meisten unter
der Steuerlast und der Willkür des von der britischen Verwaltung eingesetzten
Personals. Das Erscheinen eines Engländers führt zum Aufruhr der Frauen, den
Woles Mutter zunächst zu schlichten versucht. Immer mehr Marktfrauen bela-
gern den Palast des Yorubakönigs, der die Interessen der Kolonialmacht vertritt,
und präsentieren ihm eine Liste ihrer Forderungen.
   Wie die meisten Episoden in „Ake" wird auch diese nicht zu Ende erzählt.
Einige erscheinen wie nachgelieferte Entwürfe zum literarischen Werk des
Autors. Unabhängig davon zeigen Wole Soyinkas Kindheitserinnerungen, die
bis zu seinem zwölften Lebensjahr 1945 reichen, einen Jungen, für den das
Leben in der Kolonie und damit das Bewusstsein, das die Weißen auch dort
herrschen, wo sie nicht unmittelbar in Erscheinung treten, keine Fremdbestim-
mung bedeutet. Aus Ake kommt eine Persönlichkeit, die wohl ohne den historischen Kontext so nicht gewachsen wäre, die aber durch die verschiedenen
Einflüsse nicht gespalten sondern bereichert wurde. Wole Soyinka hat sich hier
schon das Instrumentarium erarbeitet, mit dem er später die Welt interpretiert.

16. Ein Kommissar in Mali auf der Spur veruntreuter Gelder

Modibo Sounkalo Keita: Bogenschütze.
Aus dem Französischen von Carola Gerlach.
Kyrill & Method Verlag 1991, 194 Seiten

Hier haben wir es mit einem echten Krimi zu tun. Der Mörder rückt vor unseren Augen die Waffe zurecht, das Opfer bricht Blut spritzend schon auf der

zweiten Seite zusammen; Zeuginnen sind zwei leichte Mädchen, die mit ihm gerade aus einer Bar gekommen sind, in der zufällig ein Polizeiinspektor sitzt, der nun aus seinem wohlverdienten Feierabend aufgeschreckt wird.

Den unseren verschönen wir mit Geschichten nach dem gleichen schaurigen Strickmuster, wohlig vor den Fernseher gestreckt oder in unterschiedlichsten Positionen beim hastig-atemlosen Seitenumblättern.

Wir wundern uns nicht mehr, dass der Kommissar Ärger mit seiner Frau kriegt, weil er nun schon wieder nicht pünktlich nach Hause kommt.

Wir haben auch Verständnis dafür, dass die Verhöre mit den Verdächtigen nicht gerade zimperlich geführt werden – auch einem deutschen Kommissar rutscht schon mal die Hand aus, wie wir aus dem „Tatort" wissen.

Zugleich ist uns klar, dass der erste Verhörte bestimmt nicht der Täter ist, obwohl – oder besser gesagt – weil er offen seine Freude über den Mord kundtut.

Er kramte in den Taschen seiner Saharajacke, zog eine Flasche mit billigem Whisky heraus, setzte sie sofort an und nuckelte gierig. Als er die Flasche wieder zugekorkt und verstaut hatte, nahm er eine forsche Gangart an.

Der Kommissar erwiderte weder sein werbendes Lächeln noch den stark nach Schnaps riechenden Gruss und befahl ihm, sich zu setzen. Leise, aber deutlich vernehmbar stieß er einen Fluch aus. Er nahm sich vor, dem Polizisten, der zugelassen hatte, dass ein Vorgeladener in einem solchen Zustand zum Verhör kam, eine ordentliche Gardinenpredigt zu halten.

„Es ist ausdrücklich verboten, auf dem Gelände des Kommissariats zu trinken. Hast du verstanden? Ausdrücklich verboten!"

„Ich bitte um Verzeihung, Kommissar. Das ist meine letzte Flasche. Sie soll mein Säuferleben zu Grabe tragen und die frohe Botschaft hochleben lassen."

„Was für eine frohe Botschaft?"

„Der Tod der Hyäne! Krepiert ist das Biest, nach allen Regeln der Kunst!"

Er lachte in ungetrübter Freude. Seine vom Alkohol angegriffene Stimme hatte einen ausgesprochen kreischenden Klang, der dem Kommissar auf die Nerven ging.

„Von welcher Hyäne redest du?"

„Aber deswegen bin ich doch hier, Kommissar. Es gab eine Hyäne in Menschengestalt namens Serigne Ladji. Sie ist gestorben, wie ein solcher Abschaum sterben sollte: Ein sauberes Loch, und daraus fließen Blut und Scheiße."

Auch die drastische Wortwahl lässt uns nicht zusammenzucken, sie gehört zu den uns vertrauten Krimielementen. Was uns irritiert und zugleich in höchste Spannung versetzt, sind Elemente, denen wir sonst nicht begegnen. Das saubere Loch nämlich, über das sich der tatverdächtige Säufer so freut, wurde nicht von einer Kugel, sondern von einem Pfeil gebohrt. Und unter den vielen, die der „Hyäne" Serigne Ladji schon öffentlich den Tod gewünscht haben und die deswegen nun verhört werden, geben etliche zu, Magie eingesetzt zu haben, um ihren Wunsch zu erfüllen. Wir befinden uns nämlich in einer westafrikanischen Großstadt, in der traditionelles magisches Denken und moderne Verbrechensaufklärung Hand in Hand gehen. Da die Pfeilspitze das einzige Beweismittel ist, schickt Kommissar Mbaye einen Polizisten zur Identifikation der Waffe ins ethnographische Museum, wo man die ungewöhnliche Form nicht kennt. Damit gerät eine Barbesitzerin, deren Tante Töpferin ist, ganz oben auf die Liste der Verdächtigen, denn Kommissar Mbaye weiß, dass nach den Regeln des westafrikanischen Kastenwesens nur die Frau eines Schmiedes töpfern darf; sie hätte also leicht eine Pfeilspitze von ihrem Mann anfertigen lassen können.

Auch Badou Traore, dem das Mordopfer die Freundin ausgespannt hatte, steht unter Verdacht, aber nicht lange, denn bald steckt auch in seinem Körper ein Pfeil, dessen Spitze genau die gleiche ungewöhnliche Form aufweist.

Kommissar Mbaye gerät unter Druck, handelt es sich doch bei den Opfern um wohlhabende und einflussreiche Bürger. Die Obrigkeit, die sich als geheimnisvolle Stimme durchs Telefon kundtut, verlangt schnellste Aufklärung. Deshalb lässt sich Mbaye von seinem Freund Simon, einem Journalisten, zur altafrikanischen Recherchiermethode überreden: Gemeinsam werden sie einen blinden alten Mann befragen. Dieser nutzt die Gelegenheit, dem Handlanger der Macht die Leviten zu lesen:

„Jungchen, du übst einen gefährlichen Beruf aus. Er könnte voller Würde sein, sieh nur: der Bevölkerung Schutz bieten, eine Ordnung durchsetzen, über die sich die Mehrheit geeinigt hat. Leider ist meistens das Gegenteil der Fall. Vielleicht ist es für euch Polizisten verführerisch, sich an der Ausplünderung und der Unterdrückung des Volkes zu beteiligen, um dem Streben nach Macht und Reichtum seiner schlimmsten Feinde Genüge zu tun. Die Ordnung, die man in diesem Lande aufrecht erhält, beruht keineswegs auf einem Konsens, sondern auf dem Willen einiger Autokraten. Und all die Reden unserer Führer über ihre vermeintliche Liebe zum Volk täuschen darüber nicht hinweg. Das Volk lässt sich nicht an der Nase herumführen, nur weil es nichts sagt. Im Sprichwort heißt es, dass die Hyäne ein bewohntes Dorf von einem verfallenen Dorf zu unterscheiden weiß. In der Tat, die Masse des Volkes mag stumpf erscheinen, aber es weiß sehr wohl, was ihm nützt und was nicht, wer das Volk wirklich liebt und wer es verachtet.“

Nach dieser Rede befühlt der Alte die Pfeilspitze und ordnet sie ohne Zögern dem Bassari-Stamm zu. Wenn man weiß, dass der Roman im französischen Original „L'archer bassari" heißt, ist klar, dass der blinde Greis die richtige Spur zeigt. Aber Kommissar Mbaye gehört zu jenen modernen Afrikanern, die sich der Welt des ehemaligen Kolonialherrn Frankreich näher fühlen als der eigenen Kultur. Der Autor, der malische Journalist Modibo Sounkalo Keita, der im Roman in der Figur des Journalisten Simon steckt, kritisiert dies an vielerlei Beispielen. So scheitert Mbayes nach westlichem Vorbild geführte Ehe, und auch ein berufliches Debakel scheint sich anzubahnen, denn Mbaye glaubt eher der Expertise eines jungen Wissenschaftlers, der ihn von der richtigen Spur ablenkt. Dabei hätte er allen Grund, den modernen Methoden zu misstrauen, denn auch der Computer, auf den die Polizei so stolz ist, hat bisher nur falsche Fährten gelegt. Während Mbaye sich mit einem dritten Mord konfrontiert sieht, verfolgt Simon die von dem Blinden gewiesene Spur. Auf der Fahrt ins Bassari-Land teilt er das Zugabteil mit drei Lehrern und hat so Gelegenheit, die Zustände im Land ausführlich zu diskutieren. In dem Gespräch, das dank der langen Reise in aller Breite geführt werden kann, plädiert Simon für eine vorsichtige Entwicklung der Landwirtschaft. Die afrikanischen Bauern sind extrem konservativ und haben Angst vor jeder Veränderung. Wobei man einräumen muss, dass Veränderung in Afrika ihnen bisher auch noch nie etwas Gutes gebracht hat. Nun soll das anders werden.

„Natürlich", entgegnete Bekaye, „sie laufen Gefahr, ihre Identität zu verlieren, wenn sie sich verändern. Dieses Risiko muss man aber eingehen. Eines ist ja sicher: Wenn sie sich anpassen, erwerben sie eine neue Identität. So ist es doch auch bei anderen Völkern auf anderen Kontinenten vor sich gegangen. Und jetzt ist die Chance für den Bauern der Sahel gekommen, sich zu entwickeln, und zwar auf allen Ebenen. Nehmen wir die Ernährung. Sie ist, vor allem jetzt, entsetzlich dürftig. Es müsste sich der Anbau von Niebe, der Sojabohne des Sahel, durchsetzen und verallgemeinern. Sie ist von der Niederschlagsmenge unabhängig und bringt mindestens zwei Ernten im Jahr. Ein einfaches Bewässerungssystem würde genügen."

„Was du da sagst, ist ein guter Vorschlag", erwiderte Simon. „Es ist auch nicht sehr kostenaufwändig, das zu verwirklichen, aber eben unter einer Bedingung: Der Bauer muss mitmachen."

Gleich nach seiner Ankunft erfährt Simon die Meinung des Bauern hierzu. Einer von ihnen kutschiert ihn mit seinem Eselskarren zum Dorf Oniateh, aus dem die Pfeilspitze stammen soll. Er beruhigt Simon, der mit Entsetzen sieht, dass der Esel mit Pappe gefüttert wird und Ziegen die letzten Blätter von Bäumen und Sträuchern abfressen. Der Journalist versucht, die Maßnahmen zur Dürrebekämpfung, wie er sie gerade mit seinen Mitreisenden entwickelt hat, dem Bauern während der Fahrt auf dem Eselskarren nahe zu bringen. Der aber reagiert störrisch.

„Wir Bauern sehen die Sache anders. Wir vertrauen auf die inneren Kräfte der Natur, wir verlassen uns auf die Geister, die uns umgeben. Wir gehen von dem aus, was war. Durch die Jahrhunderte hindurch haben wir eine ganze Menge Natur- und andere Katastrophen sowie Hungersnöte bestanden. Und jedes Mal haben wir überlebt, wenn wir auch schlimmen Tribut haben zahlen müssen. Die jetzige Dürrekatastrophe ist doch nicht unsere Schuld oder gar die Schuld der Ziege."

Was ist aus unserem spannenden Kriminalroman geworden? Eine Abhandlung über Desertifikation? Ein Ratgeber für Entwicklungshilfe? Ein Werben um Verständnis für die Schwierigkeiten der Sahelländer?

All das auch, aber zu allererst eine Anklage gegen diejenigen, die von der Dürre profitieren, die Veruntreuer und Krisengewinnler. Wenn der Bogenschütze in der Hauptstadt dem nächsten Opfer auflauert, wissen wir schon, dass es sich hier um Rache handelt. Sechs Männer waren es, die damals, vor Jahren schon, aus dem von Dürre geplagten Bassari-Land in die Hauptstadt zogen, mit dem Auftrag, einen goldenen Fetisch zu verkaufen und dafür Lebensmittel zurückzubringen. Sie alle konnten der Versuchung nicht widerstehen, sich selbst zu bereichern und ihre Familien zu vergessen.

Simon, der alle Einzelheiten als Gast des Geheimbundes der alten Bassari erfährt, verspricht, die Welt über diese Dinge in Kenntnis zu setzen. Aber das ist nicht so einfach, denn es handelt sich ja nicht nur um die sechs Männer aus dem Bassari-Land. Sie sind nur kleine Fische. Die großen Ausbeuter sitzen ganz oben, in der Regierung, in den Ämtern und Behörden. Und Simon ist ihr Angestellter, denn in seinem Land gibt es keine freie Presse. Simon erklärt das seiner Freundin:

„Du musst das verstehen", sagte Simon. „Bei uns – wie überall in Afrika – sind die meisten Journalisten Funktionäre, denn der Staat hat das Pressemonopol. Die Journalisten werden demzufolge vom Staat bezahlt, und dieser ist, wie du weißt, mit dem gerade herrschenden Regime bzw. unmittelbar mit der Person identisch, die an der Spitze des Landes steht. Natürlich, ihre Löhne werden mit Steuergeldern bezahlt, also eigentlich mit dem Geld, das aus dem Volk kommt. Der Arbeitgeber ist aber der Staat und nicht das Volk.

… Der Journalist macht also, was er machen muss, und hält sich davor zurück, etwas zu behandeln, was auch nur den geringsten Schatten auf das herrschende Regime, dessen Politik und dessen Vertreter werfen könnte. Zensur und Selbstzensur lassen dem Journalisten keinerlei Freiraum. Er hat nur eine Wahl: Er integriert sich ins System und heult mit den Wölfen oder gibt den Beruf auf; denn es wäre gefährlich für Leib und Leben, Tabu-Themen aufzugreifen oder aber eine nicht konforme Berichterstattung zu betreiben. Deshalb gibt es für die afrikanischen Journalisten letztlich auch keine Objektivität."

Dies ist dann auch der Grund, warum afrikanische Literatur insgesamt weniger literarisch ist als die anderer Kontinente. Sie hat zugleich die Funktion der Presse wahrzunehmen, nämlich das öffentliche Leben kritisch zu begleiten, auf Missstände und Fehlentwicklungen aufmerksam zu machen und Lösungsmöglichkeiten zu diskutieren. Dies geschieht südlich der Sahara überwiegend zwischen Buchdeckeln, in den anglophonen Ländern häufig schon in eigener Produktion, den frankophonen noch meistens in französischen Verlagen, was zur Folge hat, dass die kritischen Anmerkungen von Europa wieder nach Afrika zurückkehren müssen. Dort wird ihnen dann oft die Einreise versperrt – viele solcher Bücher wurden in den afrikanischen Staaten verboten. Oder sie sind – was ihrer Wirkung noch abträglicher ist – für afrikanische Leser einfach zu teuer.

Es ist schwer zu sagen, wie viele Leser Modibo Keitas Problem bestückter Kriminalroman in Afrika hat. Jedenfalls bekam er gleich seinem Erscheinen 1984 den Großen Literaturpreis Schwarzafrikas, eine Auszeichnung, die von frankophonen Schriftstellern und Journalisten vergeben wird. Und dass eine deutsche Übersetzung vorliegt, die trotz kleiner Stolpersteine Spannung und Intention herüberbringt, hängt sicher auch damit zusammen, dass die Warnung, die Simon auf dem Geheimtreffen der Alten hört, auch an uns gerichtet ist:

„Hat man ein einziges Mal darüber nachgedacht, dass die Bauern ihre ungerechte und zynische Vernichtung niemals hinnehmen werden? Ist man schon einmal auf den Gedanken gekommen, die betrogenen, ausgeplünderten, gequälten und ausgehungerten Bauern könnten die Verwaltung, die Stadt und alles, was damit zusammenhängt, nicht auch einmal angreifen? Wenn sie auch nur Bogen und Steingewehre haben, sie weichen vor keiner bewaffneten Armee zurück, denn hinter ihnen ist der Abgrund.“

Die afrikanischen Bauern wollen keine Almosen. Sie wollen Gerechtigkeit, und das heißt zu allererst: gerechte Preise für ihre Produkte. Daran sollten wir denken, wenn wir uns darüber freuen, dass Kaffee, Tee, Schokolade und Baumwollhemden schon wieder billiger geworden sind. Wie viel von dem, was wir dafür bezahlen, mag wohl bei den Produzenten der Rohstoffe ankommen?

Aber diese Frage sollte niemanden daran hindern, die Aufklärung der Morde mit Spannung zu verfolgen. Wir werden hier auch nicht verraten, wer in der Hauptstadt seine schützende Hand über Atumbi, den Bogenschützen, hält…

17. Apartheid in Südafrika

Richard Rive: Buckingham Palast.
Aus dem Englischen von Alexander und Ilija Trojanow.
Marino Verlag 1994, 221 Seiten

Mit den Wahlen im April 1994 ging in Südafrika eine Ära zu Ende: Jahrhunderte lang hatten die Nachkommen europäischer Einwanderer über die einheimische Bevölkerung geherrscht: eine weiße Minderheit über eine dunkelhäutige Mehrheit.

Nun wird gewiss niemand damit rechnen, dass die Rassenunterschiede von heute auf morgen übersehen werden können. Sie werden – ähnlich wie in den Vereinigten Staaten Amerikas – als soziale Abgrenzung weiter das Leben des einzelnen Südafrikaners bestimmen. Aber zumindest gehören die Gesetze, die Schwarze völlig rechtlos der Willkür des weißen Staates auslieferten, der Vergangenheit an. Eine solche Willkürmaßnahme, die systematisch die Lebensgrundlage schwarzer Südafrikaner zerstörte, war die Zwangsumsiedlung aus ihren Wohngebieten am Rande der sich ausbreitenden weißen Großstädte. Wo immer weiße Südafrikaner Siedlungsraum für sich benötigten, warfen sie die Farbigen aus ihren Häusern und karrten sie in unwirtliche Gegenden, in denen eine menschenwürdige Existenz kaum möglich war. Dann kamen die Bulldozer und schufen Platz für einen neuen Stadtteil, in dem sich Schwarze nur mit einem besonderen Berechtigungsschein aufhalten durften. Diese Berechtigung bekamen sie, wenn sie als Diener oder Arbeiter gebraucht wurden. Sonst hatten sie dort nichts mehr zu suchen.

District Six hieß einer der von Farbigen bewohnten Vororte von Kapstadt, denen dieses Schicksal widerfuhr.

Ich erinnere mich an jene, die in District Six lebten, jene, die in Caledon Street und Clifton Hill und in der geschäftigen Hanover Street lebten. Unter uns gibt es noch einige, die sich an die reifen, warmen Tage erinnern. … Wir lebten im vierten von fünf modrigen kleinen Häusern, die von den Eingesessenen „Buckingham Palast" genannt wurden.

„Buckingham Palast" hat Richard Rive auch seine Hommage an District Six genannt, ein Buch, das der Verlag zwar als Roman deklariert, das aber eher als eine Serie von Anekdoten aus dem Leben der Bewohner von District Six daherkommt.

Da ist zum Beispiel Mary, die als junges Mädchen Trommelmajorin in der Kirchenbrigade war, dann einen Frisör heiratete, der ihr davonlief, und nun die Casbah führt, ein Freudenhaus mit lauter netten Mädchen, die im Buch einfach The Girls heißen.

Mary übte noch regelmäßig das Wirbeln mit dem Stab, sozusagen in Erinnerung an alte Zeiten. Ab und an konnte man sie überreden, auf der Veranda zu üben, um Kunden anzulocken. The Girls und viele der Nachbarn versammelten sich dann, um ihre Geschicklichkeit zu bewundern. Auch in einer weiteren Hinsicht blieb sie ihrer Kindheit und den Tagen der Brigade treu: Sie ging regelmäßig einmal im Monat in die Kirche und empfing das Abendmahl, trotz der giftigen Blicke, die ihr die Frau des Kirchenvorstehers zuwarf. Auch zahlte sie die Kirchengebühren stets pünktlich.

Vielleicht kommt Marys Treue zur Kirche daher, dass ihr Vater Pfarrer ist. Allerdings hat sie ihn in dem Glauben gelassen, sie führe ein Hotel. Als er beschließt, sie dort an seinem siebzigsten Geburtstag zu besuchen, beruft Mary eine Krisensitzung ein, auf der alle Casbah-Mitglieder einen genauen Plan für diesen Besuch ausarbeiten. Die Casbah wird für Kunden geschlossen, das aufdringliche rote Licht entfernt und eine würdige Feier für den alten Herrn vorbereitet. Dieser fährt dann auch pünktlich vor dem Haus, das er für eine gewöhnliche Pension hält, vor.

Mit knirschenden Knochen hob sich der Pfarrer aus seinem Wagen. Er ging zur Eingangstür und öffnete sie. Er wurde geblendet von allen Lichtern des Hauses, die man gleichzeitig eingeschaltet hatte. Als er sich erholt hatte, sah er seine Tochter Mary, im Glanze eines rosa Kleides, die mit einer geöffneten Flasche Sekt dastand. Sie war umgeben von Leuten, die alle Gläser in der Hand hielten. Ein riesiger Mann in einem Frack hielt ein Tablett mit gefüllten Sektgläsern. An einer Wand hing ein Banner mit der Aufschrift „Gott schütze Sie, Pfarrer Adam". Dann sangen alle zusammen „Happy Birthday to you".

Die Party verläuft so erfolgreich, dass am nächsten Morgen Gläser und Mobiliar zertrümmert sind und der Pfarrer, nachdem er sich bei seiner Tochter bedankt hat, in Ohnmacht fällt. Der riesige Mann im Frack übrigens ist Zoot, der mit Vornamen Milton heißt und in der Casbah als Hausmeister und Rausschmeißer arbeitet. Er ist tatsächlich Dichter. Aber nicht die Schule hat sein Talent entwickelt – die hat er nur wenige Male von innen gesehen – , sondern die Besserungsanstalt, in der er zwangsläufig landete, weil er seinen Lebensunterhalt nicht mit gesetzeskonformen Methoden sichern konnte.

Wegen seines Namens „Milton" wurde ihm die Arbeit in der Bibliothek zugeteilt, und er fing an, in seiner Freizeit zu lesen und zu schreiben. Bald begründete er seinen Ruhm mit höchst originellen und innovativen Schmähgedichten. Die Jungs zahlten ihm Zigaretten, damit er Verse über ungeliebte Wächter schrieb, und Milton schien die Verse fast mühelos aus dem Ärmel zu schütteln. Er kannte offenbar alle unappetitlichen Gerüchte über jeden. Dieses seltsame Ausbrechen literarischer Wertschätzung bei seinen Pflegebefohlenen erweckte bald die Aufmerksamkeit des Direktors, und als einige der Gedichte tatsächlich seinen Schreibtisch erreichten, wurde ihm klar, dass er ein ernsthaftes Problem in den Händen hielt. Selten war ihm so ein Schmutz, solcher Unflat, solche Verleumdung untergekommen, ziemlich holprig geschrieben, aber höchst originell. Milton wurde zwei Wochen in die Strafzelle gesteckt und verbrachte seine Zeit dort damit, unflätige Zeilen über den Direktor zu dichten. Nach seiner Entlassung aus der Zelle wurde ein Gedicht an der Tür zum Verwaltungsbüro gefunden. Es beschrieb das Sexualleben des Direktors in den peinlichsten Einzelheiten. Der Direktor erklärte seinen Vorgesetzten ultimativ: entweder

Milton gehe oder er selbst. Da Milton noch zwei Jahre abzusitzen hatte, wurde dem Direktor eine Versetzung gewährt. Milton bewies die Macht der Feder.

Richard Rive selbst, der Autor von Buckingham Palast, zweifelte an der Macht der Feder. Von ihm stammt der Ausspruch „Poesie kann die Kugeln nicht umlenken". Damit formulierte er seine Skepsis gegenüber den als besonders wirkungsvoll gerühmten Kampfliedern der schwarzen Südafrikaner, die auf Demonstrationen rezitiert und gesungen wurden.

Richard Rive gehört zu den bekanntesten Autoren Südafrikas, weit über dessen Grenzen hinaus. Er wurde 1931 geboren und erwarb sich zunächst Ruhm als Hürdenläufer, dann als Kurzgeschichtenautor. Seine „Short Stories" wurden in Zeitungen und Zeitschriften gedruckt, nicht nur in Südafrika sondern auch in vielen anderen Ländern. Eine Sammlung seiner schönsten Geschichten erschien 1963 unter dem Titel „African Songs". Ein Stipendium ermöglichte ihm Reisen in viele afrikanische und europäische Länder und das gründliche Studium der afrikanischen Literatur. Er gab Anthologien heraus: zunächst eine Sammlung südafrikanischer Literatur unter dem Titel „Quartet", dann, ausdrücklich für Schüler und Studenten, die bisher ihre Englischkenntnisse an Shakespeare und Dickens erproben mussten, die Anthologie „Modern African Prose". In ihr sind Texte von Autoren verschiedener afrikanischer Länder gesammelt. Sie erschien 1964 in der in ganz Afrika verbreiteten, von dem nigerianischen Schriftsteller Chinua Achebe geleiteten African Writers Series und war ein großer Erfolg. Richard Rive lehrte Literaturwissenschaft in Kapstadt und produzierte selbst Literatur, die der Apartheidsregierung missfiel: Sein Roman „Emergency" (Ausnahmezustand) von 1964 war in Südafrika 20 Jahre lang verboten. Das tat dem Ruhm des Autors keinen Abbruch, im Gegenteil: Der 1986 erschienene Roman „Buckingham Palace" wurde in mehr als zehn Sprachen übersetzt und kam in Kapstadt als Theaterstück auf die Bühne. 1989 wurde Richard Rive in seinem Haus ermordet; kurz vorher hatte er seinen dritten Roman „The Emergency continues" (Der Ausnahmezustand dauert an) vollendet. Das Ende des Ausnahmezustandes in seiner Heimat hat er nicht mehr erlebt.

In „Buckingham Palast" kommen auch Weiße vor: gute Weiße und böse Weiße. Mr. Wilkens ist ein böser Weißer, das heißt, ein Rassist. Er fährt in District Six mit einem protzigen Auto vor, weil er auf Mona scharf ist, die aus Indien stammt. Im Wohnzimmer lässt er sich mit Gebäck bewirten und stellt sich der von solch ungewohntem Besuch verwirrten Familie vor.

„Eigentlich stamme ich wie Miss Mona ursprünglich aus Kimberley, nur von der anderen Seite der Gleise, sozusagen. Sie wissen ja, was ich meine, der weiße Teil. Ich finde es so peinlich, von einem weißen Teil zu sprechen, wenn ich mit meinen farbigen Freunden zusammen bin, weil ich, im Gegensatz zu den meisten meiner

Burenfreunde, wirklich keine Vorurteile hege. Ich glaube überhaupt nicht an diesen Apartheid-Schwachsinn. Es gibt Farbige und Inder wie ihr, die in meinem Geschäft für mich arbeiten. Ich mag besonders die Inder. Ich liebe Ihr Volk und Ihre Gastfreundschaft. Sie heißen weiße Leute wie mich immer willkommen. Wir dagegen sind immer so steif und zurückhaltend, denken immer, wir wären wegen unserer Hautfarbe etwas Besseres. Ich ziehe Farbige und Inder jederzeit vor, pflege ich meinen Freunden zu sagen. Man fühlt sich bei ihnen immer zu Hause."

Bei Mona fühlt sich Mr. Wilkens allerdings nur so lange zu Hause, bis sie schwanger ist, dann zieht er sich diskret von seinen „farbigen Freunden" zurück. Aber er hat nicht mit der Solidarität der Bewohner von District Six gerechnet, die zuerst seinen beige-glänzenden Dodge zertrümmern und dann ihm selbst zu Leibe rücken. Nun sind sie natürlich nicht mehr seine farbigen Freunde, sondern verdammte schwarze Bastarde, und die südafrikanische Welt ist wieder in Ordnung.

Ein guter Weißer ist Mr. Katzen. Er hat als Jude in Hitlerdeutschland den Rassismus am eigenen Leib erlebt und findet sich in Südafrika nur schwer zurecht.

„Es ist seltsam für mich. In Deutschland behandelten sie mich als Untermenschen. Hier zwingen sie mich, einer aus dem Herrenvolk zu sein. Aber ich kann nicht vergessen, was sie uns in Deutschland angetan haben. Mein Herz ist bei den Untermenschen, wer und wo auch immer sie sein mögen".

Deshalb vermietet Mr. Katzen seine Häuser in Buckingham Palast, ohne die Miete einzutreiben, auch wenn er manchmal der Form halber an die fälligen Zahlungen erinnert. Sein Geschäft erlaubt es ihm, so großzügig zu sein. Aber sein Sohn Dieter, der Hitlerdeutschland nicht kennen gelernt hat, ist leider ganz anders, ein böser Weißer nämlich, der die lästigen Mieter so schnell wie möglich loswerden will. Als sein Vater, der gute Mr. Katzen, stirbt, hat Mr. Dieter natürlich das Recht auf seiner Seite.

Zwei Wochen später erhielten die Häuser Nr.201 und 203 eingeschriebene Briefe vom Amt. Am selben Abend kamen Zoot und seine Freunde zur Casbah. Verzweiflung herrschte in der Gruppe. Sie suchten sich gegenseitig Trost zu spenden, um für eine Weile Erleichterung über ihre Lage zu verspüren, an der sie nichts mehr ändern konnten. Sie saßen beisammen und redeten in der zunehmenden Dunkelheit und wussten, dass es keinen Aufschub geben konnte.

Dieter Katzen hat seine Häuser an die Stadt verkauft, die damit beginnt, District Six von farbigen Einwohnern zu säubern. Zunächst handelt es sich noch um formvollendete Kündigungsschreiben, bald aber, das wissen alle, werden die Bulldozer vorfahren. Sollen Mary und ihre Girls, Mona und ihre

Brüdern, Zoot und alle anderen so lange warten, bis man sie mit Gewalt hinauswirft? Oder sollen sie jetzt schon kapitulieren und versuchen, das Beste draus zu machen?

Zoot schwieg lang, dann sagte er bedächtig: „Wir können nicht alleine kämpfen. Wir müssen uns anderen anschließen, die schon kämpfen, die ihre Häuser verlieren und Angst haben, ihre Menschlichkeit zu verlieren. Wir müssen uns mit all den anderen so genannten Untermenschen zusammen schließen. Nur so können wir gewinnen. Das ist keine Angelegenheit von Buckingham Palast. Nicht nur unsere Häuser werden zerstört, nicht nur District Six wird abgerissen, sondern das ganze Land. Und wir sind nicht acht, wir sind mehr als achttausend, mehr als acht Millionen. Wir sind alle, denen es in diesem traurigen Land schlecht geht".

Und die Bulldozer kommen. Auf den letzten Seiten des Buches reißen sie all die Häuser, deren Bewohner wir kennen gelernt haben, nieder. Während die anderen schon auseinander gestoben sind – zu Verwandten oder Freunden – sitzt Zoot mit seinen Freunden zwischen den Trümmern. Im Staub und Krach der Abrissbagger leeren sie die letzten Flaschen Wein, die noch im Kühlschrank waren. Und Zoot sagt, was sein Autor Richard Rive vorhergesehen aber nicht mehr erlebt hat:

„Dies ist nicht das Ende. Es ist nur der Anfang. Die habsüchtigen Leute, die unsere Häuser weggenommen haben, werden sich bald rechtfertigen müssen. Sie dachten, sie hätten uns zu Untermenschen erniedrigt. Aber sie haben sich getäuscht. Wir sind der lebende Beweis, dass sie sich getäuscht haben. Wir müssen unsere Geschichte unseren Kindern erzählen und unseren Kindeskindern. Sie müssen es erfahren. Die Kinder müssen an das Leid erinnert werden, das Gier und Arroganz verursachen. Wir müssen erzählen, wie sie uns auseinander gerissen und in viele Richtungen vertrieben haben. Sie versuchen, unsere Gegenwart zu zerstören, aber sie werden sich unserer Zukunft stellen müssen. Wir dürfen niemals vergessen."

18. Sweet Country Ghana

Kojo Laing: Die Sonnensucher.
Aus dem Englischen übersetzt von Thomas Brückner.
Mit Illustrationen von Sibyll Amthor.
Marino Verlag 1995, 463 Seiten

1957 wurde die britische Kolonie Goldküste als erstes Land Schwarzafrikas unabhängig. Der junge Staat nannte sich Ghana, nach einem altafrikanischen

Reich, das seine Besucher in früheren Zeiten durch allgemeinen Wohlstand und vernünftige Organisation beeindruckte. Ghana hat in diesen fast fünf Jahrzehnten eine wechselvolle Geschichte unter gewählten Zivilregierungen und an die Macht geputschten Militärs erlebt. Ursprünglich ein Agrarland, das seine Bevölkerung durchaus ernähren konnte und vor allem Kakao exportierte, hat Ghana nun auch mit einer zunehmenden Verstädterung zu kämpfen. Die Hauptstadt Akkra zählt – vorsichtig geschätzt – 1,2 Millionen Einwohner. Das sind nun keineswegs nur Slumbewohner, die auf Müllhalden um ihre Existenz ringen, wie das Dritte-Welt-Klischee uns vermittelt. Die unterschiedlichsten Menschen leben da: Lehrerinnen und Fernsehtechniker, Ärzte und Büroangestellte, Handwerker und Journalisten.

Kojo Laing, geboren 1946, ist Leiter einer Privatschule in Akkra und ein bekannter Autor. Er hat für das ghanaische Fernsehen geschrieben, Gedichte und Romane veröffentlicht. Sein Erstlingswerk führt uns in das Akkra der siebziger Jahre. Wir bummeln mit ihm durch die verschiedenen Stadtviertel und treffen alle möglichen Leute. Zum Beispiel Beni Baidoo, der mit seinem Esel herumzieht und die Leute anquatscht:

„Hey, junger Mann! Treibt dich dein Vater wieder zum Träumen? Alles und jeden kenne ich in Accra, nur die Würde nicht! Sieh meinen Esel, ich erwarb ihn mit der Abfindung, die ich bekam, als ich in Rente ging. Ich reite ihn nur mit einer Pobacke, auf dass er weniger fresse und länger lebe. Was mir im Augenblick not tut, ist nur ein wenig Hilfe von meinen guuuuuuten Freunden, damit ich mein Dorf gründen kann. Mir ist Land angeboten worden, ich habe meinen Esel, und alles, woran es mir noch mangelt, sind ein paar menschliche Wesen, ein paar Möbel, ein paar übersinnliche Mädchen, eine Familiengottheit, ein Dorfnarr und ein Dorfdieb <…>, der den Reichen nimmt, was er edlerweise dann mir verehrt."

Der so angesprochen wird, ist Kofi Loww, an der Universität tätig und wenig geneigt, Beni Baidoo bei seiner Dorfgründung zu unterstützen. Kofi Loow hat seine eigenen Probleme. Als er klein war, verließ seine Mutter ihn und seinen Vater, um den er sich seitdem kümmert.

Kofi Loww, der mittlerweile dreißig war und an der ruhelos wandernden Flanke des Zweifels lebte, ging die High Street von Accra entlang. Sein Kopf war ein wenig tiefer gesenkt, als er sollte, so daß ein großer Teil der Welt, obwohl mit einem Lüftchen aus frisch gebratenem Fisch beladen, haarscharf über ihn hinwegglitt. Alles schien in einiger Entfernung von ihm zu geschehen, konnte aber später mit heimlicher Wucht zurückkommen. Sein Vater, den er über die Jahre hin verändert hatte, versuchte nun mühsam, ihn zu ändern: Erzuah wünschte sehnlichst, dass Kofi Loww durch seine Wanderungen zu der Einsicht käme, dass er an der Universität bleiben müsse.

Aber Kofi Loww hat ganz andere Sorgen. Seine Mutter, die ihn als Kind verlassen hatte, entführt seinen Sohn Ahomka, während er selbst durch die Straßen Accras wandert und glaubt, Erzuah, sein Vater, passe auf das Kind auf.

Und so geschah es, dass Erzuah, Ebo The Food und Dr. Pinn sowohl nach Kofi Loww als auch nach dem kleinen Ahomka suchten. Nachdem sie einen ganzen Tag lang gesucht hatten, war sogar der kleine Fiat größer als ihre Hoffnungen, die beiden bald zu finden. Erzuahs Augen zogen sich in die Winkel der Verzweiflung zurück. Fort, nur fort vom hoffnungsleeren Drängen seines Bartes! Pinn verlor mit zunehmender Erschöpfung seine kleinen ironischen Sprüche. Und Ebo aß sich in die Zukunft. Er begann mit Erdnüssen und endete bei ausgewachsenen Kokosnüssen. Sie durchkämmten und entkleideten Accra.

Zu diesem Zeitpunkt hat der Leser natürlich schon längst Bekanntschaft mit dem Daueresser Ebo The Food und dem Schotten Dr. Pinn gemacht, denn dieses Buch erzählt keine gradlinige Geschichte, sondern läßt seine Personen quer durch die Seiten und hin und her durch Accra wandern, wobei sie oft einander suchen und nicht finden, noch öfter aber sich finden, ohne sich gesucht zu haben. Dr. Pinn zum Beispiel, der Besitzer des Fiats, hält an der Universität von Accra Gastvorlesungen. Autor Kojo Laing hat in Glasgow studiert: Sein Dr. Pinn kann als Hommage an den schottischen Lehrkörper verstanden werden. Dr. Pinn lebt seit zehn Jahren in Ghana und ist mit einer Ghanaerin verheiratet. Er erzählt einem Kollegen von seiner Begegnung mit einem Polizisten, dem Corporal Addo, der ihn beschuldigt, unerlaubterweise Schlangen in seinem Auto zu transportieren.

Als Corporal Addo zurückkam, hatte er einen triumphierenden Ausdruck in den Augen. Er strahlte wie eine Lampe in einem wunderschönen Palast und kam mit langsamen, wohlabgewogenen Schritten auf uns zu. Plötzlich verlegen, drehte er sich schnell um und stierte in ein kleines Buch, das er gleichzeitig vor uns zu verbergen suchte. Dann wandte er sich mit gestärktem Selbstbewußtsein wieder an uns und rief: „Ich beschuldige Sie außerdem… incognito zu reisen. Und wenn das Ihre Frau ist, die da neben Ihnen sitzt, dann reist sie incognita…
Kennen Sie als Weißer den Unterschied zwischen incognito und incognita?"

Dr. Pinn, einigermaßen verblüfft, hat keine passende Antwort parat, was den Corporal zu Hochform auflaufen läßt. Triumphierend verkündet er:

„Ich glaube, und ich bin ein gewöhnlicher Corporal, ich glaube, dass Sie letzten Endes vielleicht nicht einmal Weißer sind! Ich verlange, dass man Sie badet! Dies ist ein Militär-cum-Polizei-Staat, und ich habe das Recht zu befehlen, dass man Sie gründlich mit sapo – Sie kennen sapo? und alata samina, der stärksten Seife, wäscht!"

Die Anwesenheit der Schlangen bewegt den Corporal schließlich zwar zum einstweiligen Rückzug, aber er gibt nicht auf und wird Dr. Pinn durch Accra verfolgen, um ihn im Haus des Kollegen, der sich gerade diese Geschichte angehört hat, aufzuspüren. Aber die Ehefrau des Gastgebers regelt die Angelegenheit auf ihre Art. Sie schafft die Männer außer Sichtweite und schiebt Frau Pinn vor.

„Sehen Sie meine Schwester hier? Sie leidet unter diesem Weißen. Ich will Ihnen ein Geheimnis verraten: Sie ist diejenige, die das Geld nach Hause bringt. Sie ernährt ihn. Und die Kinder. Stellen Sie sich das vor! Und das größte an diesem Geheimnis ist, dass verfügt wurde, sie hat ihn zu unterstützen, bis stirbt. Wenn Sie…“
und sie machte eine effektvolle Pause,
„… wenn Sie ihn also wirklich verhaften und abschieben, dann wird sie Pfunde auftreiben müssen, jawohl Pfunde, um sie ihm zu schicken. tut sie das nicht, stirbt die ganze Familie. Darin liegt das Problem, Officer.“

Bis der Corporal sich dieser Argumentation beugen kann, muss sie noch seine Familiengeschichte aus ihm herauslocken, ihn seine eigenen Probleme wälzen lassen. Dann aber kommt er zu der Erkenntnis:

„Was aber diesen Fall hier angeht, so ist es uns nicht gelungen, den Aufenthalt des Verdächtigen ausfindig zu machen, oder? Und ich bin überzeugt, die Frau des Verdächtigen wird gern und freiwillig dem Kleinfonds zur Rettung der Polizei etwas Bier und ein paar ihrer toten Vögel aus dem Eisschrank zur Verfügung stellen. Quittungen nicht erforderlich, oder? Hahahaha!“

Und wieder wurde ein Problem auf die afrikanische Art gelöst.

Dass in Afrika die Frauen die eigentliche treibende Kraft sind, hat sich inzwischen herumgesprochen; es gilt für Ghana ganz besonders. Ghanaische Botschafterinnen vertreten ihr Land in aller Welt; die Marktfrauen haben oft stattliche Summen zur Verfügung; manch ein Taxifahrer steuert durchs Großstadtgewühl einen Mercedes, der seiner Frau gehört. Deswegen kann man sich durchaus vorstellen, dass Kojo Laing als ghanaischer Autor den Frauen so manches zutraut. In seinem Roman läßt er sie sogar fliegen. Adwoa Adde zum Beispiel hat diese Gabe von ihrer Großmutter geerbt.

Zur Enttäuschung ihrer Flugmannschaft aus schwarzen und weißen Schwestern machte Adwoa Adde nicht allzu viel aus der Gabe ihrer Großmutter, die so liebevoll auf sie gekommen war: Aus ihr wurde eine gütige Hexe, die wie eine Barmherzige Schwester der Lüfte über Accra dahinflog. Nicht weit von ihr war ihre Freundin Sally Soon. Die war eine englische Hexe, die auf der Grundlage eines Geheimabkommens gegen Ghana herübergeschickt worden war, sich aber in die

Ghanaer verliebt und damit ihre Kräfte neutralisiert hatte. Jetzt kauerte sie sich hinter den Mond. Und weinte über ihre inneren Widersprüche. Adwoa Adde hatte ein Taschentuch für sie ins All geworfen und versprochen, später zurückzukommen und sie zu trösten.

Kofi Loww ist in Adwoa verliebt. Also führt sein Weg durch Akkra ihn irgendwann zu ihrem Haus, natürlich nicht ohne Mitbringsel.

Als er mit den drei Bananen in Adwoa Addes Zimmer trat, war ihm bewußt, dass sie sich über das verwirrte Blinken seiner Lider beklagen würde. Alle Kerne einer Guave wiesen in dieselbe Richtung Und jeder einzelne Kern konnte vielleicht zerrüttend auf Liebe und Tat wirken. Und jede Liebe und jede Macht, die nicht über die endlose Anordnung der Samenkerne verfügte und nicht über deren wohl gemusterte Verschiedenheit, passte weder zu seinem Herzen, noch zu seinem Hirn.

Er hat auch seine Zweifel, ob Adwoa zu ihm passt. Aber ehe das Gespräch mit ihr Aufhellung bringen könnte, sind wieder andere Gäste aufgetaucht, mit anderen Problemen. Und jeder findet in dieser Geschichte willige Zuhörer, gelegentlich sogar die Lösung seiner Probleme. Eine wichtige Instanz zum Lösen von Problemen ist die Kirche. Bruder Osofo ist einer ihrer begabtesten Vertreter. Das Kapitel über ihn und die Kirche beginnt damit, daß eine Ratte durchs leere Kirchengebäude huscht, ehe Bruder Osofo in Aktion tritt.

Als Osofo an jenem kühlen Januarmorgen aufstand, erhob sich Gott gemeinsam mit ihm und legte ihm Feuer in die Hände. Als er an der äußeren Umfassungsmauer betete, verteilten sich seine Worte in der Kirche und vertrieben mit ihrer heiligen Macht die Ratte. Worte umschlichen die flüchtige Ratte. Osofo ergriff die Sorgen und Nöte der abwesenden Herde und presste sie gegen die morgendlichen Mauern. Und die Mauern berührten sie, während sie dem Ohr des Himmels, dem Ohr Gottes, entgegenrasten. Als Osofo mit Besen und Ehrfurcht eintrat, lagen die Trommeln, die Tänze und Lieder der vergangenen Nacht noch immer ruhig in der Kirche. Dann, je älter der Morgen wurde, kamen die Beladenen. Sie litten unter geschreiterten Ehen, Armut, Krankheiten, Hexerei, Schmach und Hoffnungslosigkeit. Er legte ihnen mit solcher Inbrunst die Hände auf, dass manch einer Angst vor ihnen bekam.

Hier wie an vielen anderen Stellen des Buches wird deutlich, dass die afrikanische Tradition, mit Mensch und Umwelt umzugehen, auch im von Europa beeinflussten Großstadtleben, in den christlichen Kirchen, im Umgang mit der modernen Technik keine wesentliche Veränderung erfahren hat. Dazu passt auch, dass eine der wichtigsten Szenen auf dem Flughafen spielt: Kofi Loww, Bruder Osofo und noch einige andere Hauptpersonen des Romans sind anwesend, als Okay Pol versucht, zwei illegal eingeführte Reitpferde aus dem Flugzeug schaffen zu lassen, wobei die Pferde nicht so ganz mitspielen.

Der Übersetzer Thomas Brückner schreibt in seinem Nachwort:

Kojo Laing geht es um die Ziellosigkeit, die Hilflosigkeit ghanaischer, oder allgemeiner: afrikanischer, Intellektueller im Angesicht gegensätzlicher gesellschaftlicher Entwicklungstendenzen, Forderungen, Normen und Wertsysteme, im Angesicht weitgehend versteinerter Tradition und einer unfruchtbaren Moderne euramerikanischer Prägung.

Dafür hat der ghanaische Autor eine adäquat ins Deutsche übertragene bildreiche Sprache gefunden, die oft genauso kompliziert ist wie die Verhältnisse in Afrika. Ein schönes Sinnbild für das nachkoloniale Afrika ist eben gerade der Flughafen von Akkra, dessen Rollbahn während des Versuchs, die verstörten Tiere einzufangen, von Pferdeäpfeln übersät wird. Aber auch schon vor dieser Panne wird klar, dass hier eigentlich nichts funktionieren kann:

Und so gelangte Okay Pol zu dem verwelkenden Flughafen, dem Eingangstor zum Land, das eigentlich dessen Hintertür war. Das Dröhnen der Jets fraß sich in den Beton. Manchmal spiegelten sich die Schönen im Glas, manchmal der Verfall des ganzen Landes. Die Stufen, die hinauf in die Abflughalle führten, sprangen mit der gleichen Hast übereinander hinweg wie die Menschen, die sie benutzten. Die Lüster hingen unter barockem Staub wie wohlgekleidete Diebe bei einem Festival. Und das Personal, egal ob zu Symbolen für das Ghana des Jahres 1975 ausgebildet oder nicht, schien ebenso einem traditionellen Festival zu entstammen: Es war erstarrt zu alten Masken.

Schließlich bringt Beni Baidoo, der alte Mann mit dem Esel, die Sache auf den Punkt: Er beschließt, sein Dorf auf dem Flughafen zu gründen, weil dort alles schneller gehe als an allen anderen Orten seiner afrikanischen Heimat.

Ist also die Satire die angemessenste literarische Form zur Darstellung der afrikanischen Realität? Die moderne Literatur aus Ländern wie Ghana, Kamerun und Nigeria lässt das vermuten. Auch der nigerianische Nobelpreisträger Wole Soyinka ist mit seinen kritisch-satirischen Romanen immer wieder angeeckt. Kojo Laing hat in einem Interview ausgesprochen, was vielleicht banal klingt, aber gerade uns Europäern nicht oft genug wiederholt werden kann: „Wir können die unendliche Vielschichtigkeit dieses Landes nicht auf ein oder zwei Sichtweisen reduzieren."

Sein Roman „Die Sonnensucher" ist ein gelungener Versuch, diese Vielschichtigkeit einzufangen.

Owusu Antwi · Ghana · Torture of Choosing

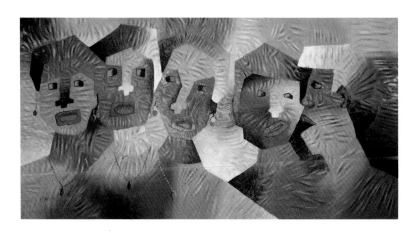

Owusu Antwi · Ghana · Chatter (o) · Who will it be (u)

Wudda-Martey · Ghana · Elmina Castle

Wudda-Martey · Ghana · Fort St. Jargo in Elmina

19. Machtwechsel auf Afrikanisch

Aminata Sow Fall: Der Sonnenpräsident. Roman.
Aus dem Französischen von Cornelia Panzacchi.
Mit einem Nachwort von Ulla Schild.
Lamuv Taschenbuch 222, 1997, 236 Seiten

Man stelle sich vor, jemand sagt zu unserem Bundeskanzler – unserer Bundes-kanzlerin – folgendes:

„Exzellenz! Eure schweren Aufgaben werden es Euch nicht erlauben, die Augen überall zu haben. Eure Mission aber, Exzellenz, ist es, der Sonne zu gleichen, die von der Höhe ihres Laufs herab die Welt in ihrem Licht badet."

Vermutlich würde der Bundeskanzler – wie auch die Bundeskanzlerin – den so Sprechenden für einen Büttenredner halten und bestenfalls amüsiert lachen. Der Sonnenpräsident aber, Titelfigur und Ich-Erzähler des Romans aus Senegal, erhebt diesen Mann sofort zu seinem wichtigsten Berater:

„Ich glaubte, den Mann gefunden zu haben, den ich brauchte. Brillant, aufmerk-sam und mir völlig ergeben. Ich jubelte. Bei meinem Amtsantritt einen solchen Mann an der Hand zu haben, erschien mir als das beste Vorzeichen. Die Art und Weise, wie er meine Rolle sah, stimmte völlig mit den Gefühlen überein, die mich an dem Tag beherrscht hatten, an dem mich die Begeisterung des Volkes in das Schloss katapultierte."

So beginnt eine afrikanische Präsidentschaft – im Roman zwar, aber doch mit vielen Anklängen an afrikanische Wirklichkeiten. Madiama, Interimspräsident nach der Entlassung der Kolonie in die Unabhängigkeit bis zu den ersten Wah-len, will das Beste für sein Volk; er versteht sich als Demokrat und Menschen-freund, merkt aber nicht, dass er von Anfang an manipuliert wird: durch Andru, den europäischen Berater, der versucht, den Präsidenten durch Schmei-cheleien, wie der eingangs zitierten, von seiner Arbeit abzuhalten und die Aus-beutung durch den ehemaligen Kolonialherren fortzusetzen; durch die Minister, die bisher den Weißen vorbehaltene Privilegien nun endlich selbst ge-nießen wollen, und durch Dicko, den Führer der Opposition, der nicht poli-tisch opponiert, sondern zur Rebellion aufruft, ja sogar zur Vernichtung des Präsidenten, so dass dieser sich direkt bedroht fühlt. Und so regiert der Sonnen-präsident eigentlich gar nicht: Entweder sonnt er sich im Jubel des vor dem Palast angetretenen Volkes, oder er lässt – wenn auch widerstrebend – zu, dass Mitglieder der Oppositionspartei, unter deren Matratzen diskreditierende Papiere gefunden wurden, ins Gefängnis kommen. Madiama, der als Präsident angetreten war, um das Volk glücklich zu machen, stellt bedrückt fest, dass alles ganz anders läuft.

Die massiven Verhaftungen, die Prozesse, die Zurschaustellung der Macht der Ordnungskräfte und die beunruhigenden Gerüchte über das Schicksal der Schuldigen erzeugten ein Klima der Angst. Ich nutzte es, um eine groß angelegte Kampagne zu lancieren, die die Bürger vor möglichen weiteren Übeltätern warnte. Die ganze Operation hinterließ bei mir einen bitteren Nachgeschmack, denn ich fand keinen Gefallen an der Unterdrückung. Die Grundnahrungsmittel kehrten auf die Märkte zurück, und die Preise sanken. Ich glaubte jetzt, endlich für das Wohlergehen meines Landes arbeiten zu können.

Präsident Madiama begnadigt die verhafteten Oppositionellen, er verfügt Steuerbefreiung für die Bauern und Nahrungsmittelverteilung an die Armen. Das Ansehen des Landes steigt durch den Gewinn eines internationalen Basketballturniers, und alle bestätigen dem Präsidenten, was er nur allzu gerne hört: „Das Volk ist glücklich, Exzellenz!"

Nun könnte der Präsident auch glücklich sein. Er hat offenbar nicht allzu viel zu tun, wohnt in einer wunderschönen Luxusvilla am Meer, hat zwei Frauen und einige viel versprechende Kinder. Aber der schöne Schein trügt. Und jetzt wird die Geschichte spannend: In den Rückblenden, der in weiten Bögen immer wieder neu ansetzenden Erzählung von Madiamas Vorfahren, seiner Kindheit und Jugend gewinnt die zunächst etwas merkwürdig anmutende Gestalt des Sonnenpräsidenten Konturen und wird glaubhaft. Schließlich ist die Autorin, Aminata Sow Fall, eine berühmte Schriftstellerin, die auch außerhalb ihrer Heimat Senegal bekannt ist. Sie wurde 1941 als Kind einer senegalesischen Königsfamilie geboren, studierte an der Pariser Sorbonne, war Präsidentin des senegalesischen Schriftstellerverbandes und hat sogar einen eigenen Verlag. Sie schreibt aber „nicht aus dem Blickwinkel der Frauen", wie sie in ihren zahlreichen Vorträgen und Interviews immer wieder betont. Das Thema ihrer bislang fünf Romane ist das Zusammenspiel von Männern und Frauen in der modernen westafrikanischen Gesellschaft. Dennoch merkt man, dass es ihr am Herzen liegt, die besondere Rolle der Frauen in diesem Zusammenspiel deutlich zu machen. Im Roman „Der Sonnenpräsident" sind die Frauen die interessanteren Figuren: die Mutter, die Ehefrauen, die Töchter.

Eigentlich stammt Madiama aus einfachen Verhältnissen: sein Vater war Fischer – der ältere Bruder hat das Boot und damit den Beruf geerbt; Madiama wird Krankenpfleger, deckt Medikamentenschiebereien auf und wird strafversetzt, landet sogar im Gefängnis. Später gründet er mit Freunden eine Gewerkschaft. Diese sieben schwierigen Jahre teilt seine Frau Coura mit ihm. Sie war als Kusine in derselben Familie aufgewachsen und von klein auf

zu seiner Ehefrau ausersehen worden. Madiamas Mutter – Couras Tante –
hatte ihr in einer feierlichen Zeremonie den Schwur abgenommen, Madiama
niemals zu verlassen. Und dann, eines Tages, nach dem Tod der Mutter, verliebt sich Madiama in Yandé, eine Prostituierte, die als Patientin auf seiner
Krankenstation liegt, und heiratet sie. Mit dieser Frau will Coura ihren
Mann nicht teilen, aber verlassen kann sie ihn auch nicht. Also erklärt sie
sich zur Verkörperung von Madiamas Mutter und wird damit sexuell tabu
für ihn.

*„Ich schwöre im Namen Gottes, dass ich für dich keine Frau mehr sein werde, weil
ich mich kraft meines eigenen Willens ab heute zur Verkörperung deiner Mutter er-
kläre, meiner Tante Coumba Dado Sadio. Solltest du in mir die Frau suchen, so
wisse, dass es deine Mutter sein wird, die du suchst, und damit Schande, Frevel,
Unglück... Meine Tante wollte, dass wir bis in den Tod zusammenbleiben: Ihr
Wunsch wird in Erfüllung gehen."*

Coura besiegelt diesen Schwur mit einem Milchstrahl aus ihrer Brust, den sie
Madiama in den Mund spritzt. Er ist völlig verwirrt und erinnert sich in einer
langen Rückblende an sein Leben mit Coura, die in seine Familie kam, als er
sieben Jahre alt war. Yandé dagegen, seine zweite Frau, ist eine Fremde, noch
dazu mit unehrenhafter Vergangenheit; aber sie ist jetzt seine einzige wirkliche
Frau, sie genießt die Rolle als First-Lady und bestärkt Madiama, seine Macht
auszuspielen und stimmt in den Chor der Berater mit ein, die ständig wieder-
holen: „Alles ist in Ordnung, das Volk ist glücklich." Aber eines Tages kann
Madiama die Augen nicht mehr vor der Realität verschließen:

*Kam es vor, daß ich im Land herumreiste, so wurde ich von einer vor Begeisterung
überschäumenden Menge im Triumphzug getragen. Eines Tages war jedoch die geistige Behaglichkeit, in der ich zu verharren suchte, gestört worden, als ich zwischen
den Tausenden und Abertausenden von Händen, die mir zuwinkten, das Gespenst
des Hungers erblickte. Es verbarg sich in den abgemagerten Händen, die so stark
klatschten, dass man Angst bekommen konnte, sie würden an den Fingergliedern
auseinander brechen. Eine seltsame Vision bemächtigte sich meiner: Tausende und
Abertausende skelettierter Hände griffen nach mir, während die Menge vor Hunger
schrie. Einen Moment lang verschwamm alles vor meinen Augen. Es kostete mich
eine übermenschliche Kraft, mich wieder zu fassen.*

Madiama erkennt, daß er nicht verwirklichen kann, was er für richtig hält. Er
beschließt zurückzutreten. Natürlich versuchen alle, ihn davon abzubringen;
dennoch: Diesmal will Madiama er selbst bleiben, seine eigenen Entscheidungen treffen und durchführen. Aber dazu hat er längst nicht mehr die Macht.
Die Pressevertreter, die er bestellt, um ihnen seinen Entschluss bekannt zu

geben, können nicht zum Palast kommen, weil dort inzwischen eine riesige Menschenmenge demonstriert und Madiamas Rücktritt fordert. Seine Frau Yandé redet auf ihn ein, nun endlich seine wahre Stärke zu zeigen, denn für einen friedlichen Rücktritt sei es zu spät: Die Menschenmenge ist kurz davor, in den Palast einzudringen und alle zu ermorden. Ab jetzt wird immer von „Menge" und nicht mehr von „Volk" gesprochen.

Die Menge war da, ein Wirbelsturm, der drohte, mich wegzuwehen. Zum ersten Mal spürte ich, dass ich Angst hatte.

Wie ein Unglücksbote tauchte in diesem Augenblick Andru auf: „In wenigen Minuten wird es zu spät sein, Exzellenz. Darf ich den Innenminister anweisen, die Menge zu zerstreuen?"

„Aber!…"

„In wenigen Minuten wird es zu spät sein."

„Machen Sie, was Sie wollen! Ich habe genug von diesen ganzen Scherereien."

Madiama tritt also nicht zurück, gibt aber den letzten Rest von Macht, die Weisungsbefugnis, aus der Hand. Damit ist sein Schicksal besiegelt und zugleich das Todesurteil für seine Tochter Nafi gesprochen, die sich – was er allerdings nicht weiß – in der Menge befindet. Aus Hubschraubern werden Granaten abgeworfen; nicht von ihnen sei Nafi getroffen worden, sondern die Menge habe sie erkannt und ermordet, so wird ihm berichtet. Nun ist auch die anfängliche Liebe des Sonnenpräsidenten zu seinem Volk dahin:

Ich wollte mich an diesem Volk rächen, das mir meine Tochter entrissen hatte! Ihm das Leid aufzwingen, das es mir zugefügt hatte! …

„Ich habe es dir immer gesagt", fügte Yandé hinzu. „Du siehst, dass ich nicht übertrieben habe, wenn ich von der Undankbarkeit des Volkes sprach! Nach all den Opfern, die du gebracht hast, um das Volk glücklich zu machen, vergelten sie es dir, indem sie deine Tochter töten."

Ich zweifelte nicht an ihren Worten. Ich war davon überzeugt, dass der Hass, der diese Menschen entstellte, sie dazu treiben konnte, jedes Verbrechen zu begehen, nur um mich zu treffen.

Nun ist für die Clique um Madiama die Zeit gekommen, sich seiner zu entledigen. Im Gefängnis hat er Zeit, über die Geschehnisse nachzudenken. Yandé sitzt in einem anderen Gefängnis ein, nur Coura, seine erste Ehefrau, darf ihn täglich besuchen und ihn mit Essen versorgen. Wenn sie gegangen ist, schreibt an seinen Memoiren, deren Resümee schon am Anfang steht:

Ich könnte mein Schicksal wohl mit dem Lauf der Sonne vergleichen, doch bin ich nicht die Sonne, und der größte Fehler meines Lebens war, dass ich mich der

Täuschung hingab und glaubte, ihr ähnlich zu sein. Die Sonne geht unter und gewinnt dadurch die Zeit, wiedergeboren zu werden. Morgen um die gleiche Stunde wird sie den Aufstieg zum Gipfel ihres Ruhms von neuem beginnen, während ich, Seine enttäuschte Exzellenz, im Labyrinth meines Gewissens, das von acht Jahren Regierungszeit, Dürre, Hunger und Elend verdunkelt wurde, meine Irrwege zurückverfolgen werde.

20. Krieg in Simbabwe

Chenjerai Hove: Knochen.
Aus dem Shona-Englisch übersetzt von Ilija Trojanow.
Mit einem Nachwort des Übersetzers.
Kyrill & Method Verlag 1990, 122 Seiten

Die Ruinen von Simbabwe im südlichen Zentralafrika haben seit vielen Jahrzehnten die Phantasie der Archäologen beschäftigt. Die gewaltige Festung, nachweislich mindestens fünfhundert Jahre alt, störte die Theorie vom unzivilisierten, barbarischen Neger, eine Theorie, deren die europäische imperiale Politik seinerzeit dringend bedurfte, um die Vereinnahmung fremder Länder als Kolonien zu rechtfertigen. Das Land um die alte Festung Simbabwe herum wurde von den Briten in Besitz genommen und Rhodesien genannt, nach dem Politabenteurer und Unternehmer Cecil Rhodes.

Nun ist Simbabwe der Name eines unabhängigen Staates, dessen Bürger um demokratisches Miteinander ringen und die gewalttätige Vergangenheit aufzuarbeiten versuchen. In Simbabwe weiß man, dass dies auch die Aufgabe der Schriftsteller ist. Wie in kaum einem anderen afrikanischen Land wird hier die Literatur gepflegt. Alle zwei Jahre findet in der Hauptstadt Harare eine Internationale Buchmesse statt. Es gibt eine für junge afrikanische Staaten ungewöhnlich große Anzahl von Schriftstellern, deren Werke auf den Lehrplänen von einheimischen Schulen und Universitäten stehen, die aber außerhalb Afrikas gelesen, geschätzt und preisgekrönt werden.

1989 ging einer der wichtigsten Preise für afrikanische Literatur an Chenjerai Hove, den Vorsitzende des Schriftstellerverbandes in Simbabwe. „Knochen" – so der Titel des Buches – verzichtet auf die ausdrückliche Einordnung in eine literarische Gattung. Es heißt weder Roman, noch Erzählung, noch Gedicht oder lyrischer Dialog, ist aber all dies zugleich und macht dazu auf eindringliche Weise die Notwendigkeit von Geschichtsbewusstsein für die Bewältigung der afrikanischen Gegenwart deutlich.

Das lyrisch-historische Ich geht ins Jahr 1897 zurück, in die Zeit der Niederschlagung des ersten großen Aufstandes gegen die Weißen.

Eine Maul- und Klauenseuche hatte den Rinderbestand der afrikanischen Hirten stark dezimiert. Sie war den Weißen angelastet worden, den „Leuten ohne Knie", das heißt, die niemals das Knie beugen. Führende Afrikaner riefen daraufhin das Volk zur Vertreibung der ungeliebten Gäste auf.

Die Fremden haben sich aber bereits eingenistet und den König mit Geschenken gefügig gemacht. Der Aufstand wird niedergeschlagen, seine Anführer hingerichtet. Aber weder die gestorbenen Rinder noch die getöteten Menschen sind nach afrikanischem Glauben wirklich tot; sie existieren weiter, nicht in irgendeinem fernen Jenseits, sondern in der uns alle umgebenden Natur. Der Dichter, der das Wort beherrscht, verfügt damit über die Macht, sie aus ihrem Todesschlaf zu erwecken und um Hilfe für die Lebenden zu bitten.

Aber die Weißen beharrten auf diesem Land. Sie legten riesige Farmen an, auf denen schwarze Männer, Frauen und Kinder in Sklaverei ähnlichen Verhältnissen arbeiteten. Als in den sechziger Jahren die Unabhängigkeit drohte, die den meisten anderen Kolonien schon gewährt worden war, rief die weiße Minderheit unter Ian Smith ihre Unabhängigkeit aus und machte damit das Land zu einem weißafrikanischen Staat nach südafrikanischem Muster, der mittels Ausnahmezustand regiert wurde.

Ein erbitterter und verlustreicher Widerstandskampf entbrannte.

Das Land wurde von einem Guerrillakrieg überzogen, der allgegenwärtig auch dort das Leben beherrschte, wo man nicht kämpfte. Und dort sind es vor allem die Frauen, die unter der Situation leiden. Sie schuften nach wie vor, um die Familie zu ernähren, können aber direkt nichts zu den Veränderungen beitragen. Sie verlieren ihre Männer und ihre Söhne und können nur hoffen, dass durch diese Opfer das Leben für alle lebenswerter wird.

Diesen Frauen hat Chenjerai Hove in seinem Buch „Knochen" seine Stimme geliehen. Die meisten Kapitel sind Wechselgespräche von Marita, der Mutter des fernen Guerillero, und Jenifa, seiner Braut. Zwischen beiden Frauen entwickelt sich ein zärtliches Mutter-Tochter-Verhältnis. Marita, die um ihren einzigen Sohn bangt, beschließt, ihr Schicksal in die Hand zu nehmen und selber nach dem Sohn zu suchen. Die Stadt wird sie töten. Jenifa klagt um Marita, die wie eine Mutter für sie war.

Die Männer kommen bei Chenjerai Hove schlecht weg. Sie sind feige, wie Maritas Mann, tyrannisch, wie Manyepo, der weiße Gutsbesitzer. Oder verschlagen und gewalttätig wie Chisaga, sein schwarzer Koch, der zwischen die Rassenfronten geraten ist, von allen verachtet wird, auch von Marita, die er liebt.

Chisaga spürt seine Ohnmacht, flüchtet sich in Träume und rächt sich schließlich an Jenifa, weil Marita nicht mehr da ist. Er verletzt Jenifa an Körper und Seele. Aber Maritas Sohn kehrt zurück, das Leben geht weiter, und die Toten sind nicht tot.

Chenjerai Hove ist in erster Linie Poet, das zeigt auch „Knochen". Er hat auch Gedichte veröffentlicht. 1992 erschien der poetische Kurzroman

„Shadows" (deutsche Übersetzung unter dem Titel „Schattenlicht"), die Geschichte zweier junger Simbabwer zur Zeit der Befreiungskriege. Chenjerai Hove ist zugleich als Journalist und Publizist tätig. 1994 verbrachte er drei Monate an der Universität in Oregon, U.S.A. Nach seiner Rückkehr formulierte er sein Erstaunen über die Tatsache, dass sich die Amerikaner mit einer Sprache zufrieden geben. „Mehrere Sprachen zu sprechen bedeutet eine Erweiterung des menschlichen Raums, ich meine der Nachbarschaften". Sein nächstes Werk wolle er in Shona schreiben, ohne dass dies als „Nein an die koloniale Sprache" gedeutet werden könne.

Simbabwe hat inzwischen nicht nur eine umfangreiche Literatur in afrikanischen Sprachen produziert, sondern auch eine Reihe von englischsprachigen Autoren hervorgebracht, deren Ansehen rund um die Welt geht.

21. Indisches Erbe in Afrika

Moyez Vassanji: Das Erbe der Muscheln.
Roman. Aus dem Englischen übersetzt von Inge Uffelmann.
Kyrill & Method Verlag 1990, 334 Seiten

Im Laufe des neunzehnten Jahrhunderts verließen Tausende von Indern ihre Heimat, um an der ostafrikanischen Küste ein besseres Leben aufzubauen. Mancher kehrte zurück, wie etwa Ghandi, der in Südafrika Rechtsanwalt war, die meisten ließen sich auf Dauer mit ihren Familien nieder. Der Beitrag der indischen Diaspora zur Wirtschaft Ostafrikas wurde deutlich, als in den siebziger Jahren des zwanzigsten Jahrhunderts der ugandische Diktator Idi Amin die Inder aus dem Land warf. Damit leitete er den Ruin des bis dahin als „Musterland" geltenden ostafrikanischen Staates ein.

In Tansania dagegen leben weiterhin etwa zwanzigtausend Inder, die ihren literarischen Repräsentanten in Salim Juma haben.

Salim Juma ist mit seinem Namen sehr unglücklich. Nicht dass ihm daran läge, wie die Mehrheit seiner tansanischen Landsleute einen afrikanischen Namen zu haben. Keineswegs, denn er ist stolz auf seine indische Herkunft und würde die afrikanische Urgroßmutter, von der er das Kraushaar geerbt hat, gern aus der Reihe seiner Vorfahren streichen. Aber ein Inder, der in Afrika lebt und etwas auf sich hält, muss durch seinen Namen erkennen lassen, zu welcher der großen Sippen er gehört. Und an seinem Namen kann man nicht erkennen, dass er der Urenkel von Dhanji Govindji ist. Dhandji Govindji – das ist ein echt indischer Name – war einer von denen, die im neunzehnten Jahrhundert Richtung Afrika zogen und sich zunächst in Sansibar niederließen.

Sansibar! Das Juwel Afrikas, Insel der Verzückung. Es gibt welche, die vergießen noch heute Tränen für das Sansibar von einst.

Dhanji Govandji hatte von Sansibar gehört; er hatte von Sansibar geträumt, seit er ein kleiner Junge war.

Wer immer aus Sansibar zurückkehrte, war dort reich geworden. Und wenn ein Ochsenkarren mit einem exotischen Reisenden von jenseits des Meeres in ein indisches Dorf einfuhr, dann hüpften Banden von Gassenjungen nebenher und schrien: „Afrika se aya hai! Afrika se aya hai! Er kommt aus Afrika, ein Hutträger!"

In Afrika legten diese Pioniere die Turbane ab und setzten Hüte auf. Wenn einer der Jungs in Schwierigkeiten geriet, dann raunte man ihm zu: „Geh nach Afrika. Schau doch, was Amarsi Makan erreicht hat. Und der ist keinen Deut besser als du!" Amarsi Makan war das Paradebeispiel. Vom Tagedieb zum blinden Passagier zum Zollmeister des Sultans zum reichsten Mann der Insel: na, wenn das kein Aufstieg war!

Dhanji Govindji reist weiter zum afrikanischen Festland, wo er einen neuen Zweig der Govindji-Sippe gründet. Sein Urenkel Salim Juma hält dies alles in der Familienchronik fest, zu der ihn das Erbe seiner Großtante veranlasste. Dieses Erbe besteht aus einem Jutesack voller Krimskrams, Schmuckstücken und Notizbüchern, die Salim Juma ihre Geschichte erzählen. Und nun entrollt sich ein Bilderbogen von wundersamen und schrecklichen Begebenheiten, Szenen aus dem Alltagsleben der indischen Gemeinde in Ostafrika vor dem Hintergrund der wechselnden politischen Konstellationen. Wir hören von immer neuen Versuchen friedlicher Koexistenz bei Bewahrung der traditionellen religiösen Bindungen. Die Glaubensgemeinde sorgt nämlich auch für die soziale Absicherung. Dhanji Govindji sucht zuerst den Gemeindevorsteher seiner Religion auf. Dieser hilft ihm beim Aufbau eines kleinen Geschäftes und kümmert sich um seine Integration in die indische Minderheitengruppe im damaligen Deutsch-Ostafrika. Während der Kolonialzeit genießen die Inder Ostafrikas durchaus Ansehen. Ihre Beweglichkeit und ihre Bereitschaft, jederzeit bei Null wieder anzufangen und mit Kleinhandel das Überleben der Sippe zu sichern, verschafft ihnen das Wohlwollen der Kolonialherren, vor allem der Deutschen, deren relativ kurze Herrschaftszeit in Afrika tiefe Spuren hinterlassen hat.

Die Rechtspflege der Deutschen war hart, kurz angebunden und willkürlich. Im Gegenzug konnte man seinen Laden unbeaufsichtigt lassen, ohne sich vor Diebstählen fürchten zu müssen. Dieben wurden die Hände abgehackt; Ungehorsam wurde mit der gefürchteten khamsa ishrin geahndet. Fünfundzwanzig Hiebe mit einer Peitsche aus Nilpferdhaut, die vor Gebrauch in Salzlake getränkt wurde. Die Peitsche ging nie in Fetzen, wie viel Blut sie auch verspritzte. Man sagte, die Straßen von Dar es Salaam seien deshalb so blitzsauber, weil selbst die

Maultiere sich nicht getrauten, in ihnen zu defäkieren. Man brauchte ihnen nur die magischen Worte äkhamsa ishrinä ins Ohr zu flüstern und schon rannten sie im Galopp in ihren Stall, um sich dort zu erleichtern.

Die Inder arrangieren sich. Sie halten zusammen, während sich die Kolonial-mächte bekämpfen, drängen sich in ihren Häusern dicht aneinander, während die antikolonialen Mau-Mau-Kämpfer die Dörfer unsicher machen und die Europäer ihre Macht mit all ihrer technischen Überlegenheit verteidigen. Die Inder paktieren mit niemandem, sie verlassen die Städte, in denen man sie nicht mehr will, sie verteilen sich auf andere Orte und pflegen weiterhin ihre Kontakte, über die das geistige Oberhaupt der Gemeinde wacht.

Die Afrikaner halten auf Distanz, was vor allem Salim Jumas Großvater zu spüren bekommt. Er ist der älteste Sohn Dhanji Govindjis, und seine Mutter ist eine Afrikanerin, die dem Neuankömmling die ersten Monate im fremden Afrika versüßte. Dann aber hatte sie ausgedient, und Dhanji Govindji heirate-te eine Inderin. Von nun an gibt es den rein indischen Zweig der Govindjis und die Nachkommen des Mischlings, der die Familie verlässt. Dhanji Govindji wird den Rest seines Lebens mit der Suche nach seinem ältesten Sohn verbrin-gen, erfolglos und vom schlechten Gewissen geplagt.

Der Vater-Sohn-Konflikt taucht in der übernächsten Generation wieder auf, magisch verbrämt und in einem dem europäischem Denken völlig unver-ständlichen Kontext. Nachdem der Erzähler Salim Juma genauso liebevoll die Familienchronik seiner Mutter aufgerollt hat, beschreibt er ausführlich wie, ganz nach indischer Sitte, die Heirat seiner Eltern zustande kam. Der Umzug nach Nairobi steht unter der Kapitelüberschrift „Wie ich meinen Vater um-brachte".

Und das passierte so:

Zwanzig Liter Milchwaren am Morgen aufgekocht und dann entrahmt worden. Jetzt schleppte Yasmin sie zum Feuer zurück, damit sie noch einmal erhitzt würden. Der Topf – er wird nur für die Milch benutzt – ist riesig und glänzend, groß und schwer, und sie läuft mit kleinen Trippelschritten, die Milch schwappt, schlüpfri-ge Füße auf schlüpfrigem Boden, ihr Gesicht ist zu einer Grimasse verzerrt, sie ruft: „Weg... weg da!" Ich mache eine falsche Bewegung, stoße mit Yasmin zusammen, sie stolpert – und zwanzig Liter Milch ergießen sich über meinen kleinen braunen Körper.

Es gibt in dem Roman keine Erklärung. Nur Schimpfen und Prügel der Mutter, Flehen um Verzeihung des Kindes, das schon weiß, dass ihm nicht vergeben werden kann, denn sein Verbrechen, so steht es da, sein „Verbrechen hieß Mord". Es folgt ein sieben Tage langes umständliches Reinigungsritual, an dem sieben keusche Jungfrauen beteiligt sind, nicht aber das schuldige Kind, das ins

Bett geschickt wird. Aber der Leser weiß schon aus der Kapitelüberschrift, dass sich die Götter nicht besänftigen lassen werden. Salim Jumas Vater stirbt wenige Tage später an einer plötzlichen, nicht benannten Krankheit. Die junge Witwe kehrt mit den Kindern zu ihrer Familie nach Dar es Salaam zurück. Das Schuldgefühl verfolgt den Jungen jahrelang. Mit seinen Freunden sucht er sogar einen Geisterbeschwörer auf, der seinen Vater zurückrufen soll. Zwar kehrt sein Vater nicht zurück, aber Salim findet auf diesem Weg dennoch zu seiner väterlichen Familie zurück, denn die Frau des Geisterbeschwörers ist seine Großtante, eben jene, die ihm später den Jutesack mit den Erinnerungsstücken hinterlassen wird und ihn damit zur Niederschrift der Familiengeschichte veranlasst. Ji Bai, so heißt sie, nimmt sich des vaterlosen Jungen an und erzählt ihm von Dhanji Govindji und seinen Nachkommen.

Ji Bai öffnete mir ein kleines Fenster in diese dunkle Vergangenheit. Sie führte mich über das Unterholz hinweg in den anderen Dschungel hinein. Und eine ganze Welt kam durch das offene Fenster herein geflogen, die Welt meines Urgroßvaters, der Indien verließ, und die meiner Urgroßmutter, die Afrikanerin war, die Welt von matamu, wo Indien und Afrika sich trafen und wo diese Mischung in meinem halbblütigen Großvater Huseni explodierte, der eines Tages im Busch verschwand und nie mehr wiederkehrte, die Welt eines sich wandelnden Afrika, in dem sich nun Europa und Afrika trafen und eine noch explosivere Mischung bildeten, nicht nur im Leben der Menschen, sondern im Leben des ganzen Kontinents.

In jenen explosiven Jahren nach der Unabhängigkeit wächst Salim Juma zum Mann heran. Nun sind die Afrikaner die Herren im Lande und lassen das die Inder spüren. Im Nachbarland Uganda herrscht Idi Amin, der behauptet, Allah sei ihm im Traum erschienen und habe ihm erklärt, dass die Inder die Wirtschaft sabotierten und die Entwicklung des Landes blockierten. Die Inder verlassen das Land, ehe es unter dem Terrorregime völlig zugrunde geht. Ihr Exodus beunruhigt auch die indischen Gemeinden in den anderen ostafrikanischen Ländern. Salim Juma leistet seinen Militärdienst unter lauter Afrikanern ab, findet aber auch dort, in der Nähe des Ausbildungslagers, eine indische Familie, die sich um ihn kümmert und ihm gleich eine ihrer Töchter als Braut anbietet.

Aber Salim Juma, der auch gelegentlich „Halbblut" genannt wird, verliebt sich in die schöne Afrikanerin Amina, die im Ausbildungscamp für die politische Schulung zuständig ist und für Suaheli-Literatur schwärmt. Seine Familie liest ihm die Leviten. Eine afrikanische Frau für einen der ihren, auch wenn er selbst eine afrikanische Urgroßmutter hat, das gehört sich nicht. Schlimm genug, dass Salims große Schwester mit einem Engländer durchgebrannt ist und jetzt in London lebt. Amina geht mit einem Stipendium nach Amerika, und auch Salims Bruder Sona verlässt Afrika.

Sonas erster Brief kam aus London:

Alles, was sie gesagt haben, stimmt! Es ist herrlich, es ist wunderbar, ich weiß gar nicht, wie ich es beschreiben soll. Schon vom Flugzeug aus, noch bevor man landet, sieht man Meilen und Meilen dieses kultivierten, ordentlichen Landes, dann ganze Züge gepflasterter Straßen, die sich endlos weit erstrecken, die soliden Reihenhäuser mit den ordentlich davor geparkten Autos; die Straßen sind wie endlose Bänder und der Verkehr schlängelt sich auf ihnen zwischen den riesigen Gebäuden, den Parks dem Fluss. ... Wenn du an diesen riesigen Gebäuden vorbeigehst, die sich da neben dir erheben, wenn du die Kunstfertigkeit siehst, die sich in jedem kleinen Detail zeigt, wenn du den Atem der Geschichte spürst, der diese wundervollen Gebilde durchzieht – wenn du dich dabei ertappst, dass du die Namen von Leuten aufzählst, Ereignisse beim Namen nennst, an die dich die Gebäude erinnern – wenn du den Pomp und die Pracht erlebst, und die Reinheit des Klanges und der Tradition in einem einfachen Knabenchor (wie ich es im Fernsehen erlebt habe)... wenn du durch die Hallen und Korridore gehst, die Räume siehst, mit deinen Händen die massiven Holztische berührst, an denen Newton, Shakespeare, Milton ihr Universalwissen empfangen haben... dann kommst du ins Grübeln. Kann es einen noch überraschen, dass sie sich verhielten, wie sie es eben taten, als sie in unsere Länder kamen, diese Engländer?

Im Londoner Alltag wird dem begeisterten Indo-Afrikaner die Bewunderung dann doch im Halse stecken bleiben. Zeigt ihm Britannia doch, dass er keinen Anteil an all diesem Wunderbaren hat, zwischen dem er allenfalls geduldet wird. Noch ist die Zeit nicht reif für offene Kritik an den alten Zivilisationen, deren Denkmäler Touristen aus der ganzen Welt zum Staunen bringen. Noch signalisieren Autoschlangen und Riesenstädte dem Afrikaner Wohlstand und Fortschritt, aber in Dar es Salaam ahnt man schon, dass die Werte des alten Europa in Zukunft nicht mehr als Vorbild gelten können. Der Ideologiestreit zwischen Marxismus-Leninismus einerseits und einem religiös verbrämten Kapitalismus andererseits entzweit Freunde und Familien und stürzt die jungen afrikanischen Staaten in zweifelhafte Bündnisse und Abhängigkeiten.

Der Autor Moyez Vassanji, 1950 in Nairobi geboren und in vielerlei Hinsicht mit Salim Juma identisch, studierte Nuklearphysik in den Vereinigten Staaten. Er lebt als freier Schriftsteller in Toronto. „Das Erbe der Muscheln", sein Erstlingswerk, erschien 1989 im englischen Original, zu einer Zeit, als es sicher einfacher war, die Vergangenheit aufzurollen als in die Zukunft zu blicken. Dass der Roman so schnell ins Deutsche übersetzt werden konnte, verdankt er der Unterstützung der Gesellschaft zur Förderung der Literatur aus Afrika, Asien und Lateinamerika. Diese Gesellschaft vermittelt Übersetzungen und ermöglicht nach dem Muster eines Buchklubs mit Hilfe von Abonnenten die Herstellung eines solchen Buches. Außerdem informiert diese Gesellschaft regelmäßig in ihren Literaturnachrichten über die Hintergründe der Literatur, die sie verbreiten helfen möchte, und organisiert Lesungen, Tagungen und Übersetzertreffen.

22. Die gerettete Bibliothek

Amadou Hampâte Bâ: Jäger des Wortes. Eine Kindheit in Westafrika.
Aus dem Französischen von Heidrun Hemje-Oltmanns.
Peter Hammer Verlag, 1993, 463 Seiten

„An jedem Tag, an dem ein alter Mensch in Afrika stirbt, verbrennt eine Bibliothek." Dieser Spruch schmückt – in französischer Sprache – das Pariser UNESCO-Gebäude. Er stammt von dem malischen Wissenschaftler Amadou Hampâte Bâ, der ihn prägte, um so die mündliche Überlieferung zu charakterisieren, mit der in Afrika historisches Wissen und literarische Werke von einer Generation an die andere weiter gegeben werden. Wenn ein Mensch, der Wissen angesammelt hat, stirbt, ohne es an seine Nachkommen oder Schüler weitergegeben zu haben, ist dieses Wissen genauso unwiderruflich verloren wie eine verbrannte Bibliothek. Die Tatsache, dass Wissen in Schwarzafrika immer an Personen gebunden und nicht in Büchern materialisiert war, hat Jahrhunderte lang die irrige Behauptung gestützt, die Afrikaner hätten kein Geschichtsbewusstsein und keine nennenswerte Literatur. Als sich der Frankfurter Afrikaforscher Leo Frobenius daran machte, mündlich überlieferte Texte aufzuschreiben, stieß er sogar bei den in Afrika lebenden Weißen auf Skepsis. Er notierte in seinem Reisebericht „Im Schatten des Kongostaates" von 1907 folgende Anekdote:

Ein alter, erfahrener Missionar leugnete bei meinem Eintreffen in seinem Arbeitsfeld das Vorhandensein wertvoller Volkserzählungen in seiner Umgebung. Als ich ihm nach mehrwöchigem Aufenthalt einige gute, dort gesammelte Sachen vorlas, rief er aus tiefer Verblüffung heraus: „Das haben die Kerle Ihnen einfach vorgelogen!"

Zunächst waren es europäische Forscher und Missionare, unter ihnen viele Deutsche, die die afrikanischen Sprachen aufschrieben, in Grammatiken und Wörterbüchern analysierten und gehörte Texte – Sprichwörter, Märchen, Legenden und Lieder – aufzeichneten. Für die Afrikaner war das eine unnötige Spielerei, denn ihre Überlieferung funktionierte ja noch. Mütter erzählten ihren Kindern Märchen und sangen ihnen Lieder vor. Zu festlichen Anlässen wurden Epen und Legenden rezitiert. Und überall gab es die „Meister des Wortes", die jene Texte kannten, die nicht jedermann zugänglich sein durften: heilige Texte und besondere Informationen über Geschichte und Machtverhältnisse des jeweiligen

Volkes. In Westafrika gibt es außerdem die Griots, eine Art Barden, die herumziehen und gegen Bezahlung ihre Gesänge vortragen, die sie auf der Kora, einer Art Harfe, begleiten. Manche Griots gehören auch zu bestimmten Familien, deren Genealogie sie vortragen und deren Lebensereignisse sie immer wieder in Gesang umsetzen. So entstehen ständig neue Kunstwerke. Amadou Hampate Bâ, zu Beginn unseres Jahrhunderts in Mali in Westafrika geboren, schildert in seiner Autobiographie „Jäger des Wortes" den traditionellen Umgang mit Literatur.

In der schönen Jahreszeit kam man abends nach Keretel, um Musikgriots singen zu hören oder Erzählungen, Epen und Gedichten zu lauschen. Geriet ein junger Mann in poetische Stimmung, sang er seine Stegreifdichtungen. Man behielt sie im Gedächtnis, und wenn sie schön waren, verbreiteten sie sich vom nächsten Tag an in der ganzen Stadt. Das war eine Seite dieser großen traditionellen Schule des Wortes, in der zu allen Zeiten die Volkserziehung stattfand.

„Man behielt sie im Gedächtnis", sagt Amadou Hampate Bâ. Das klingt so einfach, und so ist es in einer schriftlosen Kultur auch. Wer mit Kindern zu tun hat, die noch nicht lesen können, weiß selbst, wie mühelos sie Gedichte auswendig hersagen können, und wie genau sie es registrieren, wenn man beim Vorlesen bekannter Geschichten auch nur das kleinste Wort verändert. Die Schriftkultur zerstört automatisch die Gedächtniskultur, welche auf dem persönlichen Kontakt zwischen Wissendem und Lernendem aufbaut. Amadou Hampate Bâ erzählt weiter:

Meistens blieb ich nach dem Abendessen bei meinem Vater, um an seinen Abendgesellschaften teilzunehmen. Für uns Kinder waren diese Abende eine wahre Schule des Lebens, denn ein afrikanischer Meistererzähler beschränkte sich nicht darauf, Geschichten zu erzählen, er war auch in der Lage, die unterschiedlichsten Gegenstände zu unterrichten… Die Erkenntnis war nicht in einzelne Bereiche unterteilt… Es handelte sich, je nach Begabung, um ein mehr oder weniger globales Wissen, eine Art umfassender 'Lebenswissenschaft', wobei das Leben als eine alles miteinander verknüpfende Einheit aufgefasst wird, wo alles in gegenseitiger Abhängigkeit oder Wechselwirkung steht, wo das Materielle und das Spirituelle nie getrennt sind. Die Vermittlung dieses Wissens geschah nie systematisch, sondern den Umständen, einem günstigen Augenblick oder der Aufmerksamkeit der Zuhörerschaft angepasst. Dass es keine Schrift gab, hat Afrika also niemals seiner Vergangenheit, seiner Geschichte und Kultur beraubt.

Dies war aber nicht die einzige Bildung, die Amadou Hampate Bâ genoss. Als Angehöriger der Fulani, eines Hirtenvolkes, das über mehrere westafrikanische Staaten verteilt lebt und großen Wert auf eine gründliche Bildung und Erziehung der Kinder legt, sprach er mehrere afrikanische Sprachen fließend. In der Koranschule, deren Besuch für das schon seit langem islamisierten Volk selbstverständlich ist, lernte er arabisch. Während seiner Kindheit bauten die Franzosen ihre Macht in der riesigen Kolonie aus und benötigten Hilfskräfte für die Verwaltung. Sie legten eine Quote für afrikanische Kinder fest, die die französische Kolonialschule besuchen mussten, und der zwölfjährige Amadou wurde als Schüler gewissermaßen dienstverpflichtet. Nun war es möglich, sich aus dieser Verpflichtung loszukaufen, was viele afrikanische Familien taten, denn sie fürchteten, die französische Schule würde ihnen ihre Kinder entfremden. Auch Amadous Mutter, eine wohlhabende Händlerin, wollte lieber Geld bezahlen, als ihren Sohn den Weißen auszuliefern, aber sein Koranlehrer hielt sie davon ab:

„Warum sollte die Tatsache, dass Amadou zur Schule geht, einen Ungläubigen aus ihm machen? Der Prophet selbst hat gesagt: die Kenntnis einer Sache, gleich welcher, ist der Unkenntnis vorzuziehen; und auch: Sucht Wissen von der Wiege bis zum Grab, und sei es in China!"

Die Ausbildung in der französischen Kolonialschule erscheint hier also, im Gegensatz zu vielen anderen afrikanischen Autobiographien, nicht als Verlust, sondern als Bereicherung. Der junge, bereits sprachgewandte Amadou lernte schnell französisch, eine Sprache, die er vom Zeitpunkt dieser Begegnung an immer für sehr wichtig hielt, weil sie die Kommunikation unter den afrikanischen Intellektuellen unterschiedlicher Herkunft erleichtert. Die französische Bildung hat ihn nie in die Konflikte gestürzt, von denen andere schwarzafrikanische Akademiker berichten. Er war in einer Familie aufgewachsen, die Toleranz und Weltoffenheit pflegte, und er war in seiner islamisch-afrikanischen Tradition so gefestigt, dass er auch für die französische Kolonialverwaltung tätig sein konnte, ohne seine Persönlichkeit zu vergewaltigen. Obwohl die Franzosen seiner Familie viel angetan haben – sein Stiefvater wurde von ihnen ins Gefängnis geworfen und verbannt – verfällt er nie in Ressentiments; er sieht die größeren Zusammenhänge und beschreibt sein geistiges Erwachen innerhalb dieser Zusammenhänge. Dazu gehört die Entdeckung des Weißen Mannes, der vor allem als Kolonialbeamter und Militär in Erscheinung tritt. Die Weißen wohnten in einem eigenen Stadtviertel, zu dem Schwarze nur als Diener Zutritt hatten. Ihre Lebensform gibt Anlass zu allerlei Spekulationen.

Alles, was die Weißen und ihre Angelegenheiten direkt oder indirekt betraf, einschließlich ihres Kehrichts oder ihrer Abfälle, war für die Schwarzen tabu. Man durfte sie nicht anrühren, ja nicht einmal ansehen! Nun, eines Tages hörte ich, wie der Schuster Ali Gomni erklärte, dass die Exkremente der Weißen, anders als die der Afrikaner, ebenso schwarz wären wie ihre Haut weiß. Ich hinterbrachte diese sonderbare Information unverzüglich meinen kleinen Kameraden. Daraus ergab sich eine so heftige Diskussion, dass sie fast zu Handgreiflichkeiten führte.

Der Forscherdrang des späteren Wissenschaftlers erwacht. Mit seinem Freund Daouda schlägt er den verbotenen Weg über die Brücke ins Weißenviertel von Bandiagara ein. Die Feldforschung der beiden Jungen verläuft erfolgreich, denn sie treffen sehr bald auf eine Kolonne von Kettensträflingen, die das zu erforschende Gut eimerweise auf den Köpfen zu einer durch den Geruch eindeutig zu identifizierenden Grube tragen. Es ist nicht weiter schwierig, dort heimlich eine Probe zu entnehmen, wobei die beiden erstaunt einen hohen Anteil von Papier registrieren. Die Expedition hat auch noch einen praktischen Nutzwert: Amadou und Daouda entdecken die Müllkippen der Weißen, die in den Augen der Kinder wahre Schatzkammern sind, in denen sie sich mit Herrlichkeiten wie Dosen, Messern, Bleistiftstummeln und Waffenkatalogen versorgen, was ihnen ein unschätzbares Ansehen unter den Gleichaltrigen einbringt.

Die Autobiographie „Jäger des Wortes" ist aber nicht nur die Erinnerung eines alten Mannes an das Reich der Kindheit, sondern auch Kulturgeschichte eines möglicherweise untergehenden Volkes und Beleg für den islamischen Alltag, der nichts mit dem zu tun hat, was heute so oft als menschenfeindlich beschrieben wird. In seiner Mutter Kadidja überliefert uns Amadou Hampâte Bâ das Bild einer starken Muslimin, die eigene Entscheidungen durchsetzt und sich keinen Zwängen, sondern nur vernünftigen Argumenten beugt. So verlässt sie ihren ersten Mann – Amadous Vater –, weil sie ihn nicht lieben kann; sie folgt ihrem zweiten Mann an die Orte seiner Haft und Verbannung und sorgt dabei immer für das geistige und materielle Wohlergehen ihrer Familie, deren Entscheidungen sie respektiert, wenn etwa das Familienoberhaupt beschließt, dass die Söhne in der Familie des leiblichen Vaters zu leben haben. Amadou Hampâte Bâ vermittelt uns den Eindruck, dass die Familie ihre Funktion als Solidargemeinschaft ohne Zwang ausüben kann, und dass die Organisation von Gruppenbeziehungen, z.B. die Altersklassen, wesentlichen Anteil an der gesunden Sozialisierung haben. Deshalb beklagt er auch die massive Mobilmachung in Westafrika gegen Ende des ersten Weltkriegs als einen der wichtigsten Eingriffe in das soziale Gefüge und damit als Grund für den Niedergang der Gesellschaft. Erfolgreich war diese Massenaushebung des Jahres 1918 dadurch, dass sie von einem Afrikaner, nämlich dem Senegalesen Blaise Diagne durchgeführt wurde. Er war dazu beauftragt worden, nachdem der französische Generalgouverneur van Vollenhoven eine derartige Ausblutung der afrikanischen Jugend abgelehnt und sich aus Protest an die Front gemeldet hatte, wo er gegen Ende des Krieges fiel. Blaise Diagne gelang es, das traditionelle Ehrempfinden der westafrikanischen Familien zu mobilisieren. An die hunderttausend junge Männer meldeten sich zu den Waffen, viele wurden zu Zwangsarbeiten herangezogen, etliche flohen an die Goldküste; nur wenige kamen zurück. Damit war das Band brüchig geworden, das die Generationen verbindet: Lehrer verloren ihre Schüler, Eltern ihre Söhne, und in vielen Regionen brach die mündliche Überlieferung zusammen. Diese massiven Eingriffe von außen also waren es, die Amadou Hampâte Bâ zu dem Ausspruch veranlassten, der seit dem immer wieder zitiert wird, wenn von afrikanischer Tradition die Rede ist:

„An jedem Tag, an dem ein alter Mensch in Afrika stirbt, verbrennt eine Bibliothek."

So ist es sein Lebenswerk geworden, die afrikanische Tradition durch die Übertragung auf Medien, die nicht an den sterblichen Menschen gebunden sind, zu retten. Zunächst war Amadou Hampate Bâ Beamter der französischen Kolonialverwaltung, später bekleidete er hohe Posten in verschiedenen unabhängigen Staaten Westafrikas, in der Regierung von Burkina Faso (damals Obervolta) und als malischer Botschafter in der Elfenbeinküste. Dann arbeitete er für das afrikanische Kulturinstitut IFAN (Institut fondamental d'Afrique noire) in Guinea, Sudan und Senegal und kümmerte sich als Mitglied des Exekutivrates der UNESCO um die Bewahrung afrikanischer Kulturgüter. Seine historischen, ethnologischen und philosophischen Forschungen wurden anerkannt und geehrt. Zu Beginn der siebziger Jahre gab er seine politischen Ämter auf und schrieb – neben weiteren Forschungsarbeiten – einen Roman, der auf historischen Tatsachen beruht: „Wangrins seltsames Schicksal" über das Leben eines Kolonialdolmetschers, den er in seiner Jugend persönlich kennen gelernt hatte. Dieser Roman liegt auch auf Deutsch vor. Im frankophonen Afrika ist er Schullektüre.

Amadou Hampate Bâ stellt auch seine eigene Kindheit wie ein afrikanisches Epos dar, wenn er in „Jäger des Wortes" zunächst seine Ahnenreihe und die Geschichte seiner Eltern präsentiert, einschließlich der Weissagungen, die sich – jedenfalls soweit er davon berichtet – alle erfüllt haben. Aber auch Poesie und Schwänke gehören dazu, Bewegendes und Belustigendes in einer hervorragenden deutschen Übersetzung, die ohne jedes kolonialistische Vokabular auskommt. Das französischsprachige Original erschien 1991, in dem Jahr, in dem Amadou Hampate Bâ über neunzigjährig starb. Seine Bibliothek ist mit seinem Tod nicht verbrannt: Sie steht uns zur Verfügung.

23. Alle Liebe führt zum Tod

Chenjerai Hove: Schattenlicht.
Roman. Aus dem Englischen von Thomas Brückner.
Marino Verlag 1996, 139 Seiten

An alle, die auf eine ungewöhnliche Fabel warten: Sucht woanders! Hier findet ihr keine Luftschlösser.

An alle, die mit einer unerhörten Begebenheit rechnen: Geht zu den Geschichtenerzählern dieses Landes, damit sie euch Märchen hersagen!

An alle, die nach einem Ereignis aus den Geschichtsbüchern suchen: Wendet euch an die Lügner dieses Landes!

An alle, die sich nach politischer Propaganda sehnen: Schlagt das Buch der leeren Versprechungen auf und tröstet euch damit selbst!

So beginnt der Prolog dieses Romans, dessen geheimnisvoller Titel „Schattenlicht" im Original etwas schlichter „Shadows" – Schatten – heißt. Welche Erwartungen haben wir überhaupt, wenn wir das schöne Buch mit den zwei schwarzen Silhouetten auf rosa und blauem Grund aufschlagen?

Befassen wir uns zunächst einmal mit dem Autor. Das ist der simbabwische Schriftsteller Chenjerai Hove, dessen Buch „Knochen" 1989 mit dem Noma-Preis ausgezeichnet wurde. Dieser Preis ist Büchern vorbehalten, die in einem afrikanischen Verlag erschienen sind, und da ist es kein Wunder, dass er nach Simbabwe ging. Simbabwe, das ehemalige Südrhodesien, gehört zu den literarisch interessantesten Ländern Schwarzafrikas. Seit 1983 findet in der Hauptstadt Harare regelmäßig eine hochrangige internationale Buchmesse statt. 1995 stellten rund 260 Verlage aus 42 Ländern ihre Produktion aus; von den 30 Tausend Besuchern nahmen viele an zahlreichen Konferenzen und Workshops teil, die sich vor allem mit der Förderung des Verlagswesens in Afrika befassten. Simbabwe gehört zu den wenigen Ländern Afrikas, deren Autoren nicht mehr den weiten und teuren Umweg über europäische oder amerikanische Verlage nehmen müssen, um von ihren Landsleuten gelesen zu werden. Entgegen manchem Vorurteil kann ein in Afrika veröffentlichtes Buch aber auch internationalen Ruhm erringen: die Werke Chenjerai Hoves sind Beispiele dafür.

Chenjerai Hove wurde 1954 geboren. Er hat mehrere Lyrikbände veröffentlicht. 1995 erschienen seine journalistischen Skizzen auf Deutsch unter dem Titel „Stadtgeflüster". Als Dichter und Journalist geht er also verschiedene Wege, um sein Anliegen zu formulieren.

In einem Gespräch mit seinem Übersetzer Thomas Brückner hat er das so formuliert:

Alle Autoren suchen nach neuen Formen. Man nutzt eine Form für eine Stimme, dann sucht man andere Formen, um dieser Stimme eine breitere Resonanz zu geben. Ich will alle Formen einsetzen, den Roman, das Gedicht, den Essay, das Lied, nur um die Stimmen deutlicher werden zu lassen gegen alle Formen von Tyrannei in der Welt.

Die Tyrannei hat Afrika nicht mit den Kolonialherren verlassen. Sie hat nur die Hautfarbe gewechselt. Und so geht der antikoloniale Kampf, der das Thema des Romans „Knochen" war, nahtlos in den Kampf um die Einheit der simbabwischen Nation über, vor dessen Hintergrund „Schattenlicht" spielt.

Wir sollen keine ungewöhnliche Fabel, keine unerhörte Begebenheit, kein geschichtliches Ereignis und keine politische Propaganda erwarten, und doch steckt all das in dem schmalen Roman, über den der Autor sagt:

„Schattenlicht" erzählt die Geschichte, die wirklich in meiner Nachbarschaft passiert ist, die Geschichte zweier Liebender, die sich aufhängen, weil ihnen ihr Glück versagt wird. Ich selbst bin ein Teil der Geschichte, als Erzähler. Bei dieser Erfahrung ist jeder der Auserwählte: manche erzählten die Geschichte von Marko und Johana ihren Freunden, andere sangen sie, wieder andere malten Bilder. Sie aufzuschreiben, wie ich es tat, ist nur eine Methode unter anderen.

Natürlich beschränkt sich ein Schriftsteller wie Chenjerai Hove nicht auf das einfache Erzählen einer Liebesgeschichte. Da werden die Liebenden zu Protagonisten eines um sein Überleben ringenden Landes. Um sie herum bekämpfen sich Guerilleros und Polizeigewalt: Bewaffnete Überfälle der einen und gewalttätige Eingriffe der anderen bestimmen das Leben der bäuerlichen Familien. Johanas Brüder kommen um, auch Johanas Vater wird am Ende des Romans ihr Opfer werden. Zunächst aber sieht er der Zukunft hoffnungsvoll ins Auge, denn er hat von den Weißen ein Stück Land versprochen bekommen, das er selbständig bebauen darf. Auch wenn er dieselbe Arbeit tun wird wie bisher, so winken ihm doch Würde und Wohlstand, in deren Erwartung er sich sonnt.

Johanas Vater ist glücklich, weil er Johanas Mutter erzählen kann, dass er nun bald sein eigenes Stück Land besitzen wird, ein Stück Land, auf dem alle Menschen, die in den Lehmhäusern schlafen, wissen werden, daß es Johanas Vater gehört. Stell dir vor, Johanas Vater wird wie sein eigener Vorsteher sein, sein eigenes Ein und Alles. Und er wird nur zum Weißen gehen, um das zu verkaufen, was er angebaut hat, damit Johana zur Schule gehen und lernen kann, wie man die geheimen Wörter liest, die der Mann, der sie heiraten will, ihr schreiben wird.

Aber Johana bleibt nicht lang genug in der Schule, um lesen zu lernen. Bald kehrt sie wieder zu ihren Tieren zurück, den Rindern, Kühen, Eseln und Ziegen, um die sie sich kümmern muß. Und ihr Herz ist bis zum letzten Winkel ausgefüllt mit der jahrelangen Sehnsucht nach dem Jungen, der den Traktor seines Vaters fährt. Einmal hat er ihr beim Baden zugesehen, hat sie angelächelt und ihr sogar einen Brief geschrieben, den sie nicht lesen konnte. Ganz abgesehen davon, dass sie zu gut erzogen ist, um einen Brief von einem fremden Jungen anzunehmen, auch wenn sie seit Ewigkeiten nur an ihn denkt. Und dann ringt er sich durch, mit ihr zu sprechen.

Und in der sengenden Hitze des Nachmittags sagte sie ja und starrte ihn an. Ihre dunklen Augen tanzten vor Leidenschaft. Ihre Augen trafen sich und erzählten den

Herzen viele, viele Geschichten. Sie wusste auch nicht, wie es weitergehen sollte. Sie waren im Land der verwirrten Leidenschaften angelangt. Und wie Leute, die im Morast der Liebe stecken geblieben waren, wussten sie nicht, welchen Schritt sie als nächsten gehen sollten. - Ich werde dich heiraten, wenn die Zeit reif ist, sagte er und nahm ihre Hand.

Aber die Zeit wird nicht reif. Johana wartet vergeblich. Ihre Freundinnen machen sich über sie lustig, ihre Mutter schüttelt den Kopf, und Marko, der kleine Hütejunge, wittert seine Chance. Schon lange ist er in die viel ältere Johana verliebt. Sie hat ihm alles beigebracht, was man über die Tiere wissen muss, sie hat ihm die Geschichten des Landes erzählt, die Früchte benannt, die Quellen gezeigt. Keiner weiß so recht, wo Marko herkommt. Möglicherweise war seine Mutter eine Hexe, und er hat sie verlassen, um nicht von ihr gefressen zu werden. Schließlich war er oft krank und viele Male dem Tode nahe. Ein Unglückskind eben, das niemand in seiner Nähe haben will! Aber die Leute reden viel. Da ist es immer besser, in die Ferne zu ziehen und ein anderes Leben zu suchen. Oder auch einen anderen Tod. Johana und Marko sprechen oft miteinander über den Tod:

Sie sahen ihn wie aus großer Entfernung, und das gab ihnen das Gefühl, daß der Tod einer Wolke glich, die immer hoch oben am Himmel stand und doch nie näherkam, obwohl die Leute Tag für Tag von ihr sprachen.

Sie warteten gemeinsam auf die dunklen, ungeahnten Dinge, die sie nicht kannten. Sie sangen gemeinsam im Schweigen ihres Wartens. Marko wartete darauf, dass er älter wurde, damit diese Frau sich ihm hingeben könnte. Sie wartete auf den erwachsenen Mann, der auf dem Traktor seine Lieder sang. Sie warteten beide auf etwas, um das sie nicht recht wussten, Marko und Johana. Doch ihre Herzen sagten ihnen, dass dieses Etwas vorhanden war und die ganze Zeit darauf wartete, dass man darauf wartete…

Vielleicht weigert sich der Autor, seine Geschichte als „ungewöhnliche Fabel und unerhörte Begebenheit" zu präsentieren, weil sein Thema eigentlich das Warten selbst ist, das Warten auf ein normales menschliches Leben, das dem Tod vorangehen sollte. Deshalb ist die Geschichte auch nicht linear erzählt. Sie springt vom Ende zum Anfang, wiederholt die wichtigsten Stationen, erlaubt aber keine genaue zeitliche Einordnung der Ereignisse. Von großen Zeiträumen ist die Rede: Johana wartet jahrelang auf den, der ihr die Ehe versprach, Marko wartet jahrelang auf Johana. Johanas Vater zieht nach dem Tod seiner Kinder verwirrt umher, zeit- und orientierungslos. Irgendwann landet er im Gefängnis – oder ist es ein Irrenhaus? – jedenfalls kann die Hölle nicht schlimmer sein. Oder der Tod, der ihn irgendwann später gewaltsam ereilen wird. Johana aber hat selbst ihrem Leben ein Ende gesetzt, und dem ihres ungeborenen Kindes dazu, und das muss man wirklich eine „unerhörte Begebenheit" nennen. Damit nämlich löscht sie ihre ganze Familie aus und vernichtet ihre eigene Zukunft, ihr Weiterleben nach dem Tod. Nach traditionell-afrikanischem Verständnis nämlich lebt ein Mensch so lange im Jenseits weiter, wie Kinder und Kindeskinder sein Andenken ehren. Dann kann der verstorbene Vorfahre sogar in das Leben seiner Nachkommen eingreifen, er kann helfen und heilen, aber er kann ihnen auch schaden, wenn sie es an der nötigen Ehrfurcht und den regelmäßigen Opfergaben fehlen lassen. Erst wenn die Nachkommenschaft erloschen ist, sterben die Ahnen endgültig. Die tragischste Figur ist deshalb die allein zurückgebliebene Mutter, die keine Kinder mehr bekommen kann und der die Enkel versagt wurden. Ihr gibt der Dichter im letzten Teil des Buches das Wort:

Tod, du unerbittliche Axt, die alle Bäume im Land fällt und nur unfruchtbares Ödland hinerlässt, damit wir Lebenden weinen können, wenn wir über die verdorrten Weiten schauen. Tod, warum nur hast du mich verlassen. Zurückgelassen. Ohne Kinder. Ohne Männer. Ohne Freunde…

Tod, komm und setz dich neben mich. Komm und sei mir Freund. Sei mein Schatten, der nur von mir weicht und schläft, wenn die Sonne nach neuen Feuern sucht…

Ich weiß, dass ich im Haus des Todes wohne. Aber ich warte wie eine junge Frau, die darauf harrt, dass ihr Liebster von der Jagd zurückkehrt. So warte ich.

24. Felder des Kampfes und der Liebe

Véronique Tadjo: Hinter uns der Regen.
Aus dem Französischen von Sigrid Groß.
Peter Hammer Verlag 2002, 160 Seiten

Véronique Tadjo ist eine Wanderin zwischen den Kontinenten. Ihr Vater stammt aus der Elfenbeinküste, ihre Mutter ist Französin. 1955 in Paris geboren, verbrachte sie ihre Kindheit in Abidjan, kehrte nach Paris zurück, um Anglistik an der Sorbonne zu studieren und unterrichtete bis 1993 an der Universität von Abidjan. Seitdem erstrecken sich ihre Aktivitäten noch weiter: Als Autorin und Malerin leitete sie Schreib- und Malworkshops in verschiedenen afrikanischen Ländern, aber auch in Haiti und Mauritius. Sie hat in den U.S.A., in Mexiko, Nigeria, Kenia und London gelebt. Laut Klappentext des hier vorzustellenden Buches ist ihre aktuelle Wahlheimat Südafrika.

Genauso vielfältig wie das Umfeld ihres Lebens ist ihr literarisches Schaffen. Es begann mit Poesie: der 1984 erschienene Gedichtband „Latérite" wurde gleich preisgekrönt. Es folgten Romane, Erzählungen, Kinderbücher und der

Reisebericht „Der Schatten Gottes". Dieses Buch, ihr bislang letztes, das aber als erstes ihrer Werke ins Deutsche übersetzt wurde, befasst sich in eindringlicher, ästhetisch überzeugender Form mit dem ruandischen Genozid von 1994.

Nachdem „Der Schatten Gottes" hierzulande gut aufgenommen wurde, hat der Peter Hammer-Verlag jetzt den bereits 1999 erschienenen Roman „Champs de bataille et d'amour" nachgeliefert. Das Zögern ist verständlich, handelt es sich doch um eine eher spröde Liebesgeschichte, deren Schlachtfeld, auf das der Originaltitel verweist, eine afrikanische Großstadt ist, die nichts Exotisches, aber auch wenig Wohnliches bietet.

Heute fühlten sie sich gefangen von einer zur Tyrannin gewordenen Stadt. Die Straßen waren schmutzig, arm, gefährlich. Horden verwilderter Kinder irrten mit brennenden Augen umher. <...>
In Wirklichkeit war die Stadt nur eine Menge Köpfe, ein Wirbelsturm aus Gerüchen, Körper, die sich ständig in lärmendem Durcheinander bewegten. Alles häufte sich an, vervielfältigte sich, sammelte sich wieder. Die Stadtviertel wurden von übelriechenden Abwässern eingegrenzt. Müll bedeckte den Boden. Der Taxilärm nahm kein Ende. Blicke kreuzten sich nur flüchtig, dabei hätten sich alle etwas zu sagen gehabt.

Das Buch beginnt allerdings wie ein Märchen, völlig jenseits jeden vernünftigen Realitätsbezuges:
Eloka hat seine afrikanische Heimatstadt verlassen und ist Tausende von Kilometern gereist, bis er zufällig in einem französischen Dorf aus dem Bus steigt. „Wie mit der Reißschiene" sei das Dorf gezogen, heißt es, „trostlos in der namenlosen Nacht", die Eloka auf einer steinernen Bank verbringt. Hat ihn wirklich nur der Zufall hierher geführt, oder steckt mehr dahinter? Ist er auf der Suche? Auf der Flucht? Wir erfahren es nicht. Nur dass das Dorf ihm gefällt und ihm vertrauter zu sein scheint als die Heimat.

Er beobachtete, wie der Tag sich am Himmel ausbreitete und dann über die Erde ergoss. Er sah, wie der tiefe, schwarze Boden erwachte und die Kornfelder sich würdevoll erhoben. Unerwartet fühlte er sich von Heiterkeit erfüllt. Wie ein Kind fragte er sich, wie lange es dauern würde, alle Ähren zu zählen. Zweifellos ein ganzes Leben. Die Natur war hier freundlich, weckte Lust zu spielen. Sich im Gras zu wälzen und den Abdruck des eigenen Körpers zurückzulassen. Bei ihm zu Hause bargen Wald und Savanne zu viele furchtbare Geheimnisse, man konnte sie nicht als Freunde ansehen.

Nach diesem Exkurs in die Realität geht es märchenhaft weiter: Zielsicher steuert Eloka eines der Bauernhäuser an, tritt ungeniert in die Stube, in der ein alter

Mann im Sterben liegt. Der goldhaarigen Tochter mit den türkisblauen Augen sagt er auf ihre Frage nur seinen Namen, und dass er von sehr weit her komme. Der Vater stirbt, Eloka hilft, ihn zu beerdigen und nimmt dann das Mädchen bei der Hand und führt sie über Tausende von Kilometern, mit Bus, Zug, Schiff und Lastwagen in seine Stadt, wo er sie heiratet. Damit ist das Märchen zu Ende, und die Geschichte eines Domino-Paares, wie solche gemischten Ehen in Westafrika auch heißen, beginnt. Für dieses Thema hat die Autorin nicht nur das persönliche Vorbild ihrer Eltern, sondern sie reiht sich auch in eine lange Tradition solcher – meist unglücklich endenden – Geschichten der frankophonen afrikanischen Literatur ein. Véronique Tadjo spielt mit dieser Tradition. Zwar heißt die junge Französin, die dem Märchenprinzen in seine afrikanische Heimat folgt, Aimée – die Geliebte, aber der Originaltitel lässt ahnen, dass sie nicht das pure Glück erwartet: wörtlich übersetzt heißt er nämlich: „Felder der Schlacht und der Liebe". Aber anders als die Französinnen in den Romanen senegalesischer Autoren wie Ousmane Sembene oder Mariama Ba leidet hier nicht die weiße Frau an der Fremde, in die der Geliebte sie mitgenommen hat. Aimée passt sich offenbar perfekt an, obwohl sie auf diese Ehe überhaupt nicht vorbereitet war.

Durch das Zusammenleben mit Eloka wurde Aimée ihm Jahr um Jahr ähnlicher. Die gleichen Ausdrucksweisen, das gleiche Verhalten. Sie teilten ihre Zeit, ihre Gewohnheiten, ihre Lust. Und da die Stadt ihr vertraut geworden war, kannte sie alle Wege, die er gehen musste, solche, die ihn von der Wohnung wegführten, und andere, die ihn zurückbrachten. Ihr Exil hatte sich in einen bewohnbaren Ort verwandelt.

Nein, nicht Aimée ist fremd, sondern Eloka. Die Stadt ist ihm keine Heimat mehr. Sie bietet ihm nicht das warme Nest der Sippe, deren Anziehungskraft sich angeblich kein Afrikaner entziehen kann. Alles hat sich nach seiner Rückkehr verändert. Auch die tropische Hitze, die ihm eigentlich vertraut sein müsste, quält ihn.

Selbst bei scheinbar gleich gebliebenen Dingen bemerkte er, dass sich unzählige Teilchen an der Oberfläche abgelagert hatten. Gesichter, die ihm vertraut schienen, waren fremd geworden.
Um dem Alleinsein zu entkommen, versuchte er, sich mit Aimée eine neue Erinnerung zu schaffen. Doch die Stadt blieb gleichgültig. Vergeblich suchte er nach Spuren aus der Zeit vor seinem Weggehen. <…> Seine Gefühle schwankten hin und her. Gerüche drängten sich auf, die Hitze drückte ihn buchstäblich zu Boden. Er wischte sich die Stirn, das Atmen fiel ihm schwer. Mit einem gewissen Überdruss blickte er um sich. Häufig wurde sein Blick trübe. Er versuchte zu begreifen, weshalb er so vieles verloren hatte, doch nichts ließ sich fassen. Er betrachtete die Stadt

in ihrer Empfindungslosigkeit, und ihm graute vor einer Trockenzeit ohne Regen. Seine Träume glichen dem dürren Laub, das die Höfe hinter den Häusern bedeckte.

Aimée passt sich an: sie schneidet ihr Haar ab, das in der Hitze lästig ist. Eloka dagegen weint und fühlt sich einsam. Sein Beruf – er lehrt an der Universität – gefällt ihm nicht mehr, aber er schafft auch keine Veränderung. Er fühlt sich mit der Stadt verrotten.

Aimée genießt den lang ersehnten Regen. Eloka kann ihn nicht ertragen. „Hinter uns der Regen", unter diesen Titel hat der Verlag die deutsche Übersetzung gestellt. Das klingt ein bisschen wie „Nach uns die Sintflut". Oder soll es bedeuten, dass Eloka und Aimée durch dieses unterschiedliche Erleben der afrikanischen Naturgewalt wieder zu einander finden?

Jedenfalls bietet die Stadt keinen Schutz vor dieser feindlichen Natur. Wohnungen und Universitätshörsäle sind gleichermaßen von Insekten bevölkert. Fensterscheiben zerbrechen; Dächer halten den Tropengüssen nicht stand. Die Stadt bietet nur scheinbaren Komfort. Eine Woche ohne elektrischen Strom! Ein ganzes Kapitel steht unter diesem Leitmotiv.

Die Natur erobert sich den Raum zurück, der vor ihr schützen sollte. In einem Interview, das Jean-Marie Volet 1999 mit Véronique Tadjo für die Universität von West-Australien führte, sagt die Autorin über ihre Protagonisten Aimée und Eloka:

Die beiden sind von der Natur abgeschnitten. Sie leben in einer großen afrikanischen Stadt, wo sie von ihrer Umwelt geradezu aufgefressen werden. Die Stadt wird selbst zu einer Person, die ihnen ihr Schicksal aufzwingt, sie in die eine oder andere Richtung stößt. … Ich glaube, wir erliegen einer Illusion, wenn wir meinen, dass die Tatsache allein, in Afrika zu leben, uns von den Problemen des modernen Lebens fernhält. Ich habe nichts gegen die Stadt als solche. Aber ich wehre mich gegen die schlecht organisierte, misshandelte, ausgebeutete Stadt. Wenn man in Lagos, Nairobi und Abidjan gelebt hat, kann einen die wilde Urbanisierung nur beunruhigen. Es wird überhaupt nichts für die Umwelt getan, denn es gibt keinerlei nationales oder panafrikanisches Bewusstsein für dieses Problem.

Damit wird das Feld, auf dem die Liebe kämpft, ausgeweitet, und so möchte Véronique Tadjo ihren Roman auch ausdrücklich verstanden haben: Die Liebe zwischen Mann und Frau ist genauso schwierig zu leben wie die zur Natur, zur Erde, zur Heimat, aber beide sind notwendig, denn sie sind, sagt Véronique Tadjo, „das kostbarste, was wir haben".

Im fünften Kapitel von „Hinter uns der Regen" ruft Elokas Tante an, um vom Tod eines jungen Cousins zu berichten. Alles habe man unternommen, um ihn zu retten, die gesamte westliche Klinikmedizin in Bewegung gesetzt, die berühmtesten, in den Wäldern von Ghana und Benin verborgen lebenden Heiler aufgesucht. Vergeblich. Die Krankheit, die nicht näher benannt wird, entfaltet ihre Symbolkraft und Eloka spürt die Bedrohung:

Die Gewalttätigkeit der Krankheit verletzte Eloka, ihr blitzschnelles Zuschlagen traf ihn schwer. Und das bittere Gefühl, das er nun täglich in sich spürte, verdarb ihm Freude und Leiden. Ihm kam der Gedanke: „Die Krankheit rückt näher, sie ist in unsere Familie eingedrungen. Durch diesen Jungen hat sie sich ins Zentrum meines Lebens geschlichen." Er grübelte nach über den Tod, und ihm wurde bewusst, dass er schon oft auf die eine oder andere Art an ihn gedacht und ihn stets gefürchtet hatte. Dass er entschlossen war, seine Berührung nicht zuzulassen, wachsam zu bleiben.

Wachsam bleiben, das ist Véronique Tadjos Botschaft. Wachsamkeit hätte, so behauptete sie seinerzeit – mit vielen anderen – den Völkermord in Ruanda verhindern können. Dieses Thema, dem sie ein Jahr nach „Hinter uns der Regen" ein ganzes Buch widmete, erscheint schon in diesem Roman. Aimée erzählt Eloka von einem Traum, in dem ein Mädchen aus Ruanda ihr von den Gräueltaten dort berichtet. Für den Leser ist es irrelevant, ob die Brutalität, die diese Seiten füllt, geträumt oder berichtet wird, ihre Realität wird ja von niemandem bestritten. Mit dem Kunstgriff des Traumes erreicht die Autorin die Ausweitung des Traumas auch auf die Nichtbetroffenen. Während sich Eloka von der Zerstörung der Natur und dem Tod in der eigenen Familie angegriffen fühlt, sieht Aimée ihr Überleben durch die Gewalt in einem ihr ganzen fernen Land bedroht.

Aimée hatte jetzt das Gefühl, als blicke ihr die Verzweiflung unverwandt ins Gesicht. Die Füße bewegten sich frei, doch die Mitte ihres Körpers war so schwer, dass er sie am Boden festnagelte. Hier, in diesem Wanst, der bösartigen Kalebasse hatte sich das Übel festgesetzt. <…> Die Verzweiflung hatte die Struktur ihrer Haut verändert, sie rau werden lassen. War in ihr Bewusstsein eingedrungen und hatte die Töne gedämpft, den Geschmack aufgehoben, die Lust betäubt.

Das Morden in Ruanda tritt aus dem Alptraum in die Wirklichkeit der Medien. Es springt Aimée durch Fernsehbilder und Zeitschriftenfotos an. Aimée versucht zu begreifen. Sie liest Zeitungsartikel und Bücher und versucht, mit Eloka darüber zu sprechen. Schließlich gelingt es ihr, ihn aus seiner zynischen Misanthropie herauszuholen. Eloka beginnt, sich mit seinen eigenen Schuldgefühlen dem Vater gegenüber auseinander zu setzen. Aber gleichzeitig entfernt Eloka sich von Aimée. Er verreist immer öfter. Er betrügt sie. Und Aimée versucht, ihren Weg zu finden, zwischen vom Wind gefällten Flammenbäumen und Insekteninvasionen in ihrem Schlafzimmer. Sie hofft, ein Kind zu bekommen. Sie kehrt in Gedanken zu ihrer eigenen Kindheit in der heilen Welt des französischen Dorfes zurück, in der die Natur noch für den Menschen da war, nicht gegen ihn.

Die klare Schönheit eines Morgens auf der Weide, das Erwachen der Tiere, das Heu in der Scheune, die Erde, die einatmet und einen warmen, beruhigenden Atem abgibt.

Wenn sie an dies alles dachte, blies die Zeit auf ihre Wunden und verschloss die Angst. Dann hatte sie das Gefühl, das Leben sei ein brachliegendes Feld und sie müsse bis in alle Ewigkeit die Lust des Neubeginns kultivieren. Die Lust, Saatkörner im Flug auszustreuen.

Damit bekommt der Originaltitel „Felder der Schlacht und der Liebe" eine weitere Bedeutung, die den Roman dann doch optimistischer enden lässt, als zunächst befürchtet. Auf der letzten Seite ahnt man, warum Véronique Tadjo auch leidenschaftliche Malerin ist. Nach dem vielen Grau der Stadt und dem Schwarz der Verzweiflung lässt sie Meer, Strand, Palmen, Boote und Sonne in fast kitschigen Farben aufleuchten. Und auch der deutsche Titel bekommt seine Erklärung: Der Regen wäscht alles rein: Bäume, Dinge und Menschen.

Nachwort:
Die Literatur des nachkolonialen Afrika – ein Überblick

Die Literatur des nachkolonialen Afrika ist zunächst eine Fortsetzung der kolonialen Literatur. Fast alle Autoren, die die Entstehung ihrer jungen Staaten begleiteten, hatten schon in der Kolonialzeit Literatur veröffentlicht. Sie waren in Kolonialschulen erzogen worden und hatten an europäischen Universitäten studiert. Sie schrieben in der Sprache der ehemaligen Kolonialherren für ein europäisches Publikum. Viele, vor allem die Zöglinge der französischen Kolonialschulen, benötigten den Umweg über europäische Ethnographen, um zu ihren Wurzeln zurückzukehren. Leopold Sedar Senghor (1906–2001) beschreibt, wie er als Student im Paris der Dreißiger Jahre von den „leuchtenden Thesen" des deutschen Afrikaforschers Leo Frobenius zu jenem Denkgebäude angeregt wurde, das später als „Negritude" zur wichtigsten geistigen Antikolonialismuskampagne wurde, die mit französischsprachigen Essays, Reden, Gedichten und Theaterstücken die kreative Eigenständigkeit und kulturelle Gleichwertigkeit schwarzafrikanischen Geistes unter Beweis stellte und so die moralischen Argumente für die Unabhängigkeit lieferte. Meilenstein dieser Bewegung war die 1948 erschienene „Anthologie de la nouvelle poésie nègre et malgache de langue française", zu der Jean-Paul Sartre das berühmte Vorwort „Orphée noir" („Schwarzer Orpheus") schrieb. In den fünfziger Jahren kamen die satirischen antikolonialen Romane der Kameruner Autoren, allen voran Mongo Beti (= Alexandre Biyidi, 1932–2001), dazu, die die verheerende europäische Präsenz in jeder Form – politisch, militärisch und religiös – als reine Profitgier enttarnten und von der angeblichen „zivilisatorischen Mission" nichts übrig ließen. Dass die „Négritude" eine frankophone Bewegung blieb, an der auch Intellektuelle des amerikanischen Kontinents teilnahmen (Aimé Césaire aus Martinique und Léon Damas aus Guyana gehörten zu ihren Mitbegründern) lag am Konzept der französischen Eliteförderung, das eine völlige Anpassung an die französische Kultur vorsah. Die britischen Kolonialverwaltung dagegen praktizierte eine indirekte Herrschaft und legte größeren Wert auf eher praktische Bildung mit rudimentären Englischkenntnissen, die den einheimischen Sprachen und Kulturen mehr Raum ließ. Es konnten sich sprachliche Mischformen wie Pidgin-English oder „Wrotten English" bilden; die europäisch gebildeten Afrikaner der britischen Kolonien fühlten sich weniger entfremdet.

So stieß die Rückwendung der Negritude-Dichter zu den vorindustriellen Werten, die die Afrikaner als „Menschen des Tanzes" den durch die Maschinen verdorbenen Weißen gegenüber stellten, auf scharfe Kritik bei den anglophonen Intellektuellen. Der Nigerianer Wole Soyinka (geb. 1934) konterte mit seinem Ausspruch von der „Tigritude": „Ein Tiger verkündet nicht seine Tigritude, er springt" und kritisierte 1960 in einem Theaterstück anlässlich der Unabhängigkeitsfeiern die Verherrlichung des vorkolonialen Afrika.

Das Theater war, wie schon im vorkolonialen Afrika, auch nach der Unabhängigkeit zunächst das wichtigste Genre in einer überwiegend analphabetischen Gesellschaft. Hier knüpften die Autoren an traditionelle Formen an, die Musik, Tanz und Text mit einander verbinden, wie etwa in der Yoruba-Oper in Nigeria oder der Concert-Party in Togo. Theatertruppen wie die von Duro Ladipo, Kola Ogunmola und Hubert Ogunde bereisten die afrikanischen Dörfer; ihre satirischen Komödien dienten gleichermaßen der Bildung und der Unterhaltung. Auch in Ost- und Südafrika waren Wandertruppen wichtige Vermittler von Tradition und Aktualität. Inzwischen hat das Fernsehen weitgehend diese Rolle übernommen, soweit es noch nicht ganz mit europäischen oder amerikanischen Produktionen zugeschüttet ist. Das Theater leidet auch unter der zunehmenden Bewegungseinschränkung zu nächtlicher Stunde.

Auch Wole Soyinka hat von Anfang an für seine Landsleute geschrieben, eigene Theatergruppen gegründet, seine Theaterstücke selbst verfilmt, seine Romane und Gedichte so eng mit der Yorubakultur verknüpft, dass sie in Europa als „schwierig" gelten. Gleichzeitig jedoch ruht sein Werk auf einem Sockel, zu dem die griechische Antike ebenso gehört wie westeuropäische literarische und philosophische Tradition. Soyinka lehrte an verschiedenen Universitäten in vielen Ländern, kehrte zwischendurch aber immer wieder in seine Heimat zurück, wo seine politischen Aktivitäten den Diktatoren missfielen. Schon in den sechziger Jahren saß er 28 Monate in Isolationshaft; man hielt ihn damals für tot. Er berichtet darüber in „The man died" („Der Mann ist tot", 1972). Mit seiner mehrbändigen Autobiografie, seinen Romanen, Gedichten, Filmen und Essays ist Soyinka einer der produktivsten und – nachdem er 1986 als bisher einziger schwarzafrikanischer Schriftsteller den Nobelpreisbekam – der weltweit zu aktuellen Themen gefragtesten afrikanischen Autoren. In seinem zuletzt erschienenen Essay-Band „The climate of fear" („Klima der Angst", 2004) befasst er sich u.a. mit der islamistischen Bedrohung.

Verbot, Gefängnis, Exil sind typische Lebenserfahrungen afrikanischer Schriftsteller. In den sechziger Jahren versuchten viele, sich am Aufbau der Nationen zu beteiligen: Camara Laye (1928–1980) aus Guinea etwa., der in den fünfziger Jahren großen Erfolg mit seiner Autobiographie „L'enfant noir" („Einer aus Kurussa") und dem Roman „Le regard du roi" („Der Blick des Königs") hatte, wurde Informationsminister in der Regierung Sekou Tourés, der ihn jedoch schon 1964 ins Exil nach Senegal trieb. Wie er mussten die Dichter und Schriftsteller, die an der Macht teilhaben oder auch nur ihr Recht zu kritischer Begleitung der politischen Entwicklung ausüben wollten, erkennen, dass eine solche Einmischung unerwünscht war und immer noch ist. Einige schweigen und bleiben auf der Seite der Macht, wie Ferdinand Oyono (geb.1929), dessen Bestseller „Une vie de boy" („Flüchtige Spur Toundi Ondua") von 1956 immer wieder neu aufgelegt und heute vor allem in Schulen gelesen wird und der immer noch Minister in der Regierung Biya ist. Andere – die Mehrzahl der bekannten frankophonen Autoren – nehmen vom französischen Exil aus die neokolonialen Regime aufs Korn. Alexandre Biyidi, Lehrer in Rouen, trat als Mongo Beti wieder an die Öffentlichkeit mit der gleich nach Erscheinen verbotenen Streitschrift „Main basse sur le Cameroun" (Die Plünderung Kameruns, 1972). Er gründet 1978 die Zeitschrift „Peuples noirs, peuples africains" und wird Leiter des Verlags „Peuples noirs". Seine späteren Romanen, insbesondere „Remember Ruben" (über den von französischen Soldaten erschossenen Generalsekretär der UPC Ruben Um Nyobe) , sind unverhüllte Anklageschriften gegen den Neokolonialismus. Als er 1991 zum ersten Mal nach dreißig Jahren wieder nach Kamerun reiste, verboten ihm die Behörden, einen Vortrag zu halten.

Ein ähnliches Schicksal hatte Ahmadou Kourouma (1927–2003) von der Elfenbeinküste. Wegen Befehlsverweigerung während seines Militärdienstes wurde er in den Indochinakrieg strafversetzt, studierte und arbeitete dann in Frankreich. Nach der Unabhängigkeit kehrte er nach Abidjan zurück, wo er immer wieder wegen oppositioneller Tätigkeit aneckte, verhaftet wurde, das Land verließ, erneut zurückkehrte, schließlich im französischen Exil starb. Er ließ, ähnlich wie die anglophonen Autoren, seine Muttersprache in der Kolonialsprache durchscheinen. Das führte dazu, dass sein erster Roman „Les soleils des indépendances" („Der schwarze Fürst") wegen „sprachlicher Mängel" von den französischen Verlagen abgelehnt wurde. Er erschien 1968 in Montreal, wurde preisgekrönt und so erfolgreich, dass der Pariser Verlag Seuil schon 1970 mit einer Neuauflage nachzog. Er kritisiert die politischen Zustände der nachkolonialen Ära (auf für das in seiner Muttersprache Malinke das Wort „Sonnen" gebraucht wird) aus der Sicht eines traditionellen Fürsten. Erst zwanzig Jahre später erschien Kouroumas zweiter Roman, der sich mit der Eroberung Westafrikas durch die Franzosen befasst. In den neunziger Jahren schrieb Kourouma weitere kritische Bücher, darunter „Allah n'est pas obligé" („Allah muss nicht gerecht sein"), die Ich-Erzählung eines Kindersoldaten, die in Frankreich zum Bestseller wurde, und deren Fortsetzung „Quand on refuse on dit non" 2004 posthum erschien.

Ende der siebziger Jahre hatte man sich schon an afrikanisiertes Französisch gewöhnt: Seuil verlegte 1979 den Roman „La vie et demie" („Verschlungenes Leben") des kongolesischen Autors Sony Labou Tansi (1947–1995), den die

Literaturkritik als den „frankophonen Soyinka" feierte und mit den Autoren des lateinamerikanischen „magischen Realismus" gleich setzte. Sein wilder, ja brutaler Stil passte zu Elend und Gewalt, die sich im Afrika der achtziger Jahre wieder ausbreiteten und galt als Ausdruck der jungen Generation Afrikas, die die Kolonialzeit nicht mehr bewusst erlebt hatte. Er schrieb eine Reihe von fantastischen Satiren voller abstruser Bilder und hatte eine eigene Theatertruppe, das „Rocado Zulu Theater", mit dem er auch in Frankreich auftrat. Auch er legte sich immer wieder mit seiner Regierung, dem sozialistischen System der Volksrepublik Kongo an.

In der afrikanischen Tradition ist der Dichter auch immer Lehrer, Berater, Historiker. Diese Funktion wird von den nachkolonialen Autoren bewusst wahr genommen; sie lässt die Trennung zwischen politischem Engagement und dichterischer Tätigkeit kaum zu. Ama Ata Aidoo (geb. 1942), die zu den ersten Absolventen der Universität von Ghana und zu den ersten afrikanischen Schriftstellerinnen gehörte, machte kein Hehl aus ihrem Neid auf europäische Kolleginnen: diese könnten einfach schöne Geschichten schreiben, während afrikanische Autoren und Autorinnen einen politischen Auftrag hätten. Sie schrieb Romane, Gedichte, Theaterstücke, lehrte in den USA und in Kenia, lebte zeitweise in Zimbabwe, wo sie in der „Women Writers Group" aktiv war, und gehörte der Regierung Rawlings als Erziehungsministerin an. Mit ihr sowie den Nigerianerinnen Flora Nwapa (1931–1993) und Buchi Emecheta (geb.1944), hatten die Afrikanerinnen schon bald nach der Unabhängigkeit starke Stimmen, zu denen auch die Senegalesin Aminata Sow Fall (geb. 1941) gehört. Sie veröffentlichte 1976 den ersten französischsprachigen Roman einer Schwarzafrikanerin, war Präsidentin des senegalesischen Schriftstellerverbandes und gründete 1987 das Centre Africain d'Animation et d'Echanges Culturels zur Förderung der afrikanischen Literatur und den Verlag Khoudia..

Solche Aktivitäten hatte man sich eigentlich vom Dichterpräsidenten Senghor erhofft, dessen geringes Interesse an der Literatur seines Landes enttäuschte. Man sah ihn eher als Europäer an, diese schätzten ihn auch wesentlich höher. 1968 bekam er den Friedenspreis des Deutschen Buchhandels, 1984 wurde er in die Académie Française aufgenommen. Während jedoch in anderen Ländern Transkriptionssysteme für afrikanische Sprachen standardisiert und mit ihnen Gebrauchs- und Unterhaltungstexte gedruckt wurden, ignorierte der aus der Minderheitenethnie der Serer stammende Senghor die Tatsache, dass über 80 % seiner senegalesischen Untertanen eine gemeinsame Sprache haben: Wolof. Senghors intellektueller Gegenspieler, Ousmane Sembene zog daraus die Konsequenz: Er, der nicht in Frankreich studiert hat und ausdrücklich für seine Landsleute schreibt, lernte in Moskau das Filmhandwerk und begann schon in den sechziger Jahren, seine eigenen Kurzgeschichten und Romane zu verfilmen. So konnte er seine Personen französisch oder wolof sprechen lassen und erreichte mit seinen Werken – meist senegalesisch-französische

Koproduktionen – auch das afrikanische Publikum. Mit der Geschichte des senegalesischen Dienstmädchens, das seine französische Herrschaft mit an die Côte d'Azur nimmt und dort völlig vereinsamen lässt („La Noire de …", 1966) hat Sembene den ersten abendfüllenden Spielfilm eines Schwarzafrikaners gedreht. Sembenes Werk zeigt das Leben seines Volkes zur Zeit der Kolonialisierung („Ceddo", 1977, ein Film, der unter Senghor nur mit Schnitten gezeigt werden durfte), im antikolonialen Kampf („Les bouts de bois de Dieu" – „Gottes Holzstücke" – über den Eisenbahnerstreik 1947, als Fortsetzungsroman 1967/68 in „Afrique Nouvelle", später als Theaterstück und in Buchfassung), über das von De Gaulle initiierte Referendum von 1958 zur Unabhängigkeit („Harmattan", Roman 1964) und das Leben im unabhängigen Staat Senegal (etwa in „Xala", 1973, als Film 1976). Sembene richtet sich in seinem umfangreichen und vielfältigen Werk gegen Unterdrückung jeder Art, insbesondere gegen die der Frauen. So ist er ein entschiedener Gegner der in Senegal legalen polygynen Ehe. Auch er hatte, wie die meisten großen frankophonen Autoren, schon in den fünfziger Jahren mit Romanen veröffentlicht, die ins Umfeld der Negritude gehören.

Der zur Zeit der Unabhängigkeit erfolgreichste westafrikanische Autor jedoch war Chinua Achebe (geb. 1930), Nigerianer wie der aus dem Yorubaland stammende Soyinka (geb.1934), aber Vertreter der zweiten großen Ethnie, der Ibo aus Ostnigeria. Sein erster Roman „Things fall apart" („Okonkwo oder das Alte stirbt") erschien 1958, wurde sofort in dreizehn Sprachen übersetzt und gilt heute als Klassiker der afrikanischen Literatur. Er beschreibt die Zerstörung der traditionellen Gesellschaft durch Mission und Kolonialisierung in einem mit Sprichwörtern und rhythmischen Elementen seiner Muttersprache afrikanisierten Englisch. („Sprichwörter sind das Palmöl, mit dem Wörter gegessen werden"). Achebes Roman, der auch verfilmt wurde, eröffnete die „African Writers Series" des Londoner Heinemann Verlags, die vielen afrikanischen Autoren Publikationsmöglichkeiten bot. Mit weiteren Romanen, Kurzgeschichten und Essays begleitete Achebe, der neben zahlreichen anderen Ehrungen 2002 den Friedenspreis des Deutschen Buchhandels erhielt, den Aufbau des Staates Nigeria, geißelt Machthunger, Angst und Misstrauen, die die jungen Eliten Afrikas verschleißen. Dennoch hat er sich erstaunlich wenig an den neuen Machthabern gerieben; nach Gastprofessuren in den USA und in Deutschland (Bayreuth) konnte er auch immer wieder in Nigeria lehren, wo er 1989 erster Präsident des PEN wurde.

Aus Nigeria stammen viele weitere erfolgreiche und preisgekrönte Schriftsteller, die meist nicht mehr in ihrer Heimat leben. Chris Abani (1967), dessen erster Roman 1985 erschien, war politischer Gefangener unter Präsident Abacha und lebt jetzt in den USA. Ben Okri (geb.1959) ging nach London. Sein Ruhm begann mit dem Booker Preis für seinen Roman „The famished Road" („Die hungrige Straße", 1991). Er spielt in der modernen afrikanischen

Großstadt, die allen Wohlstandsverheißungen Hohn spricht und den auf der Suche nach einem Job, ein bisschen Liebe und ein paar Flaschen Bier herumirrenden jungen Mann herumstößt, verletzt, demütigt. Hier steht Okri in der Tradition des Großstadtromans, die der Ghanaer Ayi Kwei Armah 1968 mit dem Aufsehen erregenden Werk „The beautyful ones are not yet born" („Die Schönen sind noch nicht geboren") begründete.

Die anglophone Literatur Ostafrikas erscheint mit rund einem Jahrzehnt Verspätung gegenüber den großen westafrikanischen Romanen. Sie hat einen völlig anderen Hintergrund. Es existiert eine traditionsreiche geschriebene Literatur in Swahili (Kiswahili), die in der Kolonialzeit von Deutschen und Briten gefördert wurde und heute die meisten Werke in einer afrikanischen Sprache zählt. Ihre Bedeutung als lingua franca der Literatur zeigt das Beispiel des auch ins Deutsche übersetzten zweiteiligen Romans „Die Kinder der Regenmacher" und „Der Schlangentöter" von Aniceti Kitereza (1896–1981). Er selbst übersetzte sein Werk, das er in seiner Muttersprache Kikerewe geschrieben hatte, ins Swahili und ermöglichte so den Druck durch das Tanzanian Publishing House 1981.

Die englisch schreibenden Autoren Ostafrikas sind also überwiegend solche, die eine andere Muttersprache als Swahili haben. Sie waren von Anfang an am innerafrikanischen Dialog interessiert, der sich 1963 mit der Unabhängigkeit der ostafrikanischen Länder, der Gründung der Organisation Afrikanischer Einheit (OAU) und der Verabschiedung der Charta der Afrikanischen Einheit vertiefte. Die Übersetzung der anderssprachigen afrikanischen Literaturen war neben der Förderung einheimischer Talente eines der wichtigsten Anliegen der überall aus dem Boden schießenden Zeitschriften. Seit 1957 schon machte die nigerianische Zeitschrift „Black Orpheus", die von Ulli Beier und Janheinz Jahn gegründet und später von Wole Soyinka geleitet wurde, Negritude-Literatur im anglophonen Raum bekannt. 1961 gründete der Ugander Rajat Neogy in Ostafrika die Zeitschrift „Transition", die westafrikanische Literatur nach Ostafrika brachte, bis sie 1968 verboten wurde, und zwar von Präsident Milton Obote, einst ihr Mitarbeiter. 1969 wurde Neogy aus dem Gefängnis entlassen und leitete „Transition" von Ghana aus weiter. Von 1973 bis 1976 gab Soyinka sie in Nigeria heraus; 1991 wurde sie als afro-amerikanische Kulturzeitschrift neu gegründet – wiederum von Wole Soyinka. „Transition" war ein Forum für Übersetzungen in beide Richtungen und die heftige Diskussion um eine afrikanische Lingua franca. Soyinka schlug damals übrigens vor, alle Afrikaner sollten Swahili lernen und als panafrikanische Sprache benutzen.

Auch der weltweit bekannteste ostafrikanischen Autor Ngugi Wa Thiong'o (geb. 1938) veröffentlichte seine ersten Geschichten in der Studentenzeitschrift „Penpoint" der Makerere-Universität in Kampala, die während der Kolonialzeit und in den sechziger Jahren das geistige Zentrum Ostafrikas war. Der Kenianer Ngugi war Chefredakteur von „Penpoint" und schrieb noch als Student das

Stück „The black Hermit" („Der schwarze Eremit"), das 1962 bei den Unabhängigkeitsfeiern Ugandas aufgeführt und preisgekrönt wurde.

Wie Soyinka hat Ngugi in Leeds in England studiert; auch er war ohne Gerichtsverfahren inhaftiert, veröffentlichte 1981 in London seine Aufzeichnungen („Detained" – „Kaltgestellt") und zog es vor, in England zu bleiben und später als Dozent in den USA zu arbeiten. Dennoch sieht auch er sich in der traditionellen Rolle des Lehrers und Historikers, der seinem Volk den Weg der geistigen Entkolonialisierung zeigen muss. Eine Konsequenz aus dieser Rolle war, dass er seine Romane und Theaterstücke nur noch in seiner Muttersprache Kikuyu schreibt und diese Sprache auch bei öffentlichen Auftritten benutzt. Er fordert die geistige Entkolonialisierung („Decolonizing the mind: the politics of language in African Literature", 1986). Seine ersten, englisch geschriebenen Romane „The river between" („Der Fluss dazwischen", 1965), „Weep not child" („Abschied von der Nacht", 1965), „A grain of wheat" („Freiheit mit gesenktem Kopf", 1967) sind die ostafrikanische Antwort auf das Frühwerk von Chinua Achebe, der sie auch in seiner „African Writers Series" veröffentlichte, genauso wie der letzte auf englisch geschriebene Roman „Petals of blood" („Verbrannte Blüten", 1977). Es gibt aber auch deutliche Parallelen zum Werk von Ousmane Sembene, auf die Ngugi selbst hinweist, wenn er einen seiner Romanhelden „Les bouts de bois de Dieu" lesen lässt. Während Sembene vor allem auf das Medium Film setzt, konstruiert Ngugi seine Bücher möglichst gradlinig und verwendet mündlichen Stil, um das Vorlesen seiner Bücher zu erleichtern. Dies zeigt sich besonders deutlich in dem Roman „Caitaana Mutharaba-Ini" („Der gekreuzigte Teufel"), den er im Gefängnis auf Toilettenpapier schrieb und der 1980 auf kikuyu und 1982 in seiner eigenen englischen Übersetzung erschien. 2004 kehrte Ngugi nach 22 Jahren Exil in seine Heimat zurück, verließ sie aber bald darauf wieder, nachdem er und seine Frau in ihrer Wohnung überfallen und misshandelt worden waren.

Zur geistigen Entkolonialisierung gehören auch eigene Druckmöglichkeiten. 1965 bekam die ostafrikanische Literatur ein Verlagshaus: das East African Publishing House in Nairobi. Es etablierte sich 1966 durch die englische Herausgabe des ursprünglich in Luo geschriebenen Versepos „Song of Lawino" des Uganders Okot p'Bitek (1931–1982), mit dem Ostafrika ein Gegengewicht zur bis dahin das anglophone Afrika beherrschenden westafrikanischen Literatur setzte.

Ähnlich wie Ngugi hat auch Meja Mwangi (geb.1948) mit der literarischen Aufarbeitung der Mau-Mau-Vergangenheit angefangen, wandte sich dann aber den aktuellen Problemen des Großstadtlebens zu. „Nairobi, River Road" (1976) machte Mwangi auch in Europa berühmt. „Kariuki und sein weißer Freund" bekam 1992 den Deutschen Jugendbuchpreis. Der 2000 erschienene Roman „The Last Plague" („Die achte Plage") befasst sich mit dem Thema Aids.

Die afrikanische Aids-Pandemie wütet auch unter den Schriftstellern. Wie Sony Labou Tansi fiel ihr auch Dambudzo Marechera (1952–1987) aus Zimbabwe zum Opfer. Er war 1978 mit „The house of hunger" bekannt geworden, einer Sammlung von mit einander verbundenen Erzählungen über den Abschied von der afrikanischen Kindheit und dem Zurechtfinden in England, wo er damals lebte. Sein posthum veröffentlichtes Werk, in dem alle Genres vertreten sind, erlangte Kultstatus in seiner Heimat und festigte seinen Ruhm als wortgewaltiger Kritiker nachkolonialer Zustände in Stadt und Land. Auch er thematisierte den Befreiungskrieg gegen die rhodesische Armee, wie Chenjerai Hove (geb.1954), Vorsitzender des zimbabwischen Schriftstellerverbandes, in seinem preisgekrönten Roman „Bones" (1988).

Als bedeutendste zimbabwische Autorin und als eine der wichtigsten Stimmen des afrikanischen Kontinents überhaupt gilt Yvonne Vera (1964–2005), deren umfangreiches und vielfältiges Werk auf der ganzen Welt beachtet und preisgekrönt wurde.

Mit der 1983 gegründeten Buchmesse in Harare nimmt Zimbabwe auch eine wichtige Funktion in der Literaturvermittlung wahr.

Eine besondere literarische Geschichte hat die Demokratische Republik Kongo, zeitweise auch Zaïre genannt, das riesige zentralafrikanische Land, das 1960 von seinem Kolonialherren Belgien in eine überstürzte Unabhängigkeit entlassen wurde und heute zum Bund der frankophonen Länder gehört, ja sogar deren größtes ist. Während der Kolonialzeit gab es rund hundert Zeitungen und Zeitschriften, in denen Kongolesen in einheimischen Sprachen und in Französisch zu Wort kamen. Es gab Missionsverlage, die Literaturwettbewerbe ausschrieben, aber kaum Afrikaner an den höheren Schulen, geschweige denn Studenten. Noch in den sechziger Jahren war eine akademische Bildung praktisch nur über die kirchliche Laufbahn möglich. So kam auch der bekannteste kongolesische Dichter, Romanautor und Literaturwissenschaftler, Mudimbe Vumbi Yoka (geb. 1941) über die katholische Seminarausbildung an die Universität. Er lernte mehrere afrikanische Sprachen, studierte Romanistik und Indogermanistik in Belgien, schrieb Französisch-Lehrbücher und veröffentlichte 1971 in dem neu gegründeten Verlag Editions du Mont Noir in Kinshasa einen Band mit sehr persönlicher Lyrik unter dem Titel „Déchirures" („Risse" oder „Zerrissenheit"). So könnte man sein ganzes Werk überschreiben: Auseinander gerissen wurden Menschen seiner Heimat seit den Sklavenjagden, die das Kongogebiet besonders stark verheerten. In der Kolonialzeit kam die geistige Zerrissenheit dazu, das Schwanken zwischen animistischer Tradition und importiertem Christentum. Das drückt auch der Titel des Romans „Entre les eaux" (Zwischen den Wassern) aus, der 1973 von dem Pariser Verlag Présence Africaine veröffentlicht wurde und Mudimbe in der frankophonen Welt bekannt machte. Der Roman besteht vor allem aus langen Gesprächen des katholischen Priesters Pierre Landu mit dem Führer einer Rebellenbewegung, in denen es darum geht, zu einem afrikanischen Christentum und einer afrikanischen Wissenschaft zu finden. Mudimbes zweiter Roman „Le bel immonde" (1976), sein einziger ins Deutsche übersetzte („Auch wir sind schmutzige Flüsse, 1982), ist hermetischer, aber auch literarischer. Es geht um Magie, Menschenopfer und – diesmal mehr im Hintergrund – den Guerrillakrieg. Aus der Zerrissenheit des von der Kolonialisierung geprägten intellektuellen Afrikaners entsteht eine neue Identität, wenn er erkennt, dass „die Tradition in uns ist, nicht hinter uns", wie Mudimbe in einem Essay formuliert. Neben Reiseberichten, weiteren Lyrikbänden und Romanen schreibt Mudimbe Essays, und zwar seit seiner Übersiedlung in die USA, wo er nach Lehraufträgen in mehr als einem Dutzend Länder in Afrika, Asien und Europa inzwischen eine feste Professur hat, in englischer Sprache. Auch Mudimbe war aus politischen Gründen inhaftiert, wenn auch nur wenige Tage; seine Heimat verließ er endgültig, als er hörte, Präsident Mobutu wolle ihm eine Position in der Regierung anbieten, die er weder annehmen wollte noch unbeschadet ablehnen konnte.

Die portugiesischsprachige Literatur Afrikas wird von Kap Verde angeführt, wo es schon im 19. Jahrhundert ein reges Kultur- und Literaturleben gab. Angola zog bald nach. Als in den sechziger Jahren Portugal seinen Kolonien die Unabhängigkeit verweigerte, nahmen auch viele Autoren am Befreiungskampf teil. Da gab es die „Bewegung junger Dichter", deren Führer Viriato da Cruz war. Costa Andrade, Amilcar Cabral aus Guinea-Bissau und Agostinho Neto, der Führer der angolanischen Widerstandsbewegung MPLA waren alle auch angesehene Dichter. Mario Pinto de Andrade, gehörte einer der Négritude ähnlichen Bewegung in Lissabon an. Er hatte schon 1953 eine – der Senghorschen Anthologie gegenüber eher bescheidene – Anthologie „Poesia negra de expressao portuguesa" herausgebracht. Er war in den fünfziger Jahren Mitarbeiter des Pariser Verlages „Présence Africaine" und seiner gleichnamigen Zeitschrift und wurde später Präsident des MPLA, während Agostinho Neto im Gefängnis saß. 1975, nach dem Sturz der Diktatur im Mutterland, wurden die portugiesischen Kolonien unabhängig. Die während der Freiheitskriege verfasste Poesie konnte nun veröffentlicht werden, auch der Roman „A vida verdadeira de Domingos Xavier" („Das wahre Leben des Domingos Xavier"), der die Brutalität der kolonialen Polizei den Visionen von einer harmonischen multirassischen Gesellschaft gegenüberstellt. Dies ist auf den Kapverden, wo die Bevölkerung zum größten Teil aus Mulatten besteht, ein zentrales Thema. Der Autor Luandino Vieira (geb.1937), der portugiesischer Abstammung ist, konnte 1965 den Preis des portugiesischen Schriftstellerverbandes nicht entgegennehmen, weil er auf Kap Verde im Sträflingslager Tarrafal einsaß. Dieses Lager, das für Portugiesisch-Afrika den gleichen Klang hat wie Robben Island für Südafrika, wurde 1986 durch den Noma-Preis für die Gedichtsammlung „Überleben in

Tarrafal auf Santiago" von António Jacinto (geb. 1924) weithin bekannt. Der führende angolanische Schriftsteller Pepetela (Artur Carlos Mauricestana Dos Santos, geb. 1941) war Vizeminister für Bildung in der ersten unabhängigen Regierung Angolas und ist seit 1982 Professor für Soziologie an der Universität Luanda. „Mayombe" (1979) schrieb er während des Guerrillakrieges im Busch von Cabinda. „Yaka" (1984) handelt vom Rassismus der weißen Bevölkerung, der er selbst angehört. Er schrieb auch Satiren über das Leben im sozialistischen Luanda („O Cao e os Caluandas" – „Der Hund und die Leute von Luanda", 1985) und Kriminalromane.

Auch in Mosambik gehen Dichtung und Kampf Hand in Hand. José Craveirinha (1922–2003) war wegen seiner Unterstützung der Freiheitsbewegung FRELIMO vier Jahre lang eingesperrt, später dann hoch geehrt. Marcelino dos Santos (geb. 1929), Führer dieser Befreiungsbewegung, und Dichter des bewaffneten Kampfes, hatte in Mosambik mehrere politische Ämter.

Der erfolgreichste Prosaautor ist Mia Couto (geb. 1955), der die mosambikanische Nachrichtenagentur AIM und danach verschiedene Zeitungen leitete. Später studierte er Biologie und arbeitet heute als Umweltbiologe. In den achtziger Jahren veröffentlichte er Gedichte und Erzählungen, seit den Neunzigern vier Romane.

Auch die jüngste Generation mosambikanischer Schriftsteller befasst sich mit der Revolution, etwa Pedro Muiambo (geb. 1972) in seinem Roman „A Enfermeira da Bata Negra" – „Die schwarz gekleidete Krankenschwester", 2003).

Die neueste afrikanische Literatur hat die von den Kolonialherren errichteten nationalen Schranken weitgehend überwunden. Sie spiegelt ein reiches geistiges Leben wider, berichtet Vergangenes, träumt Zukünftiges. Aber sie thematisiert auch Verwahrlosung und Armut, Krankheit und Gewalt. Die französische Initiative „Fest'Africa" organisierte 1998 das Projekt „Rwanda – Ecrire par devoir de mémoire". Zehn afrikanische Autoren wurden nach Ruanda eingeladen, um sich über das Massaker von 1994 zu informieren und Zeugenaussagen in Literatur umzusetzen. In den Jahren darauf erschienen Romane, Gedichte und Dokumentationen zu dem Thema, Beispiele innerafrikanischer intellektueller Solidarität, die oft in Zweifel gezogen wird, wenn man bedenkt, wie viele afrikanische Autoren außerhalb ihres Kontinents leben.

Es gibt daher auch eine ganz neue Literatur von Afrikanern, die in Europa ihre Heimat gefunden haben und in ihren Werken sowohl das Leben in der europäischen Gesellschaft als auch ihre Sicht Afrikas thematisieren. Stellvertretend seien hier nur folgende drei Autorinnen genannt: Calixthe Beyala (Frankreich/Kamerun), Fatou Diome (Frankreich/Senegal) und Helen Oyeyemi (Großbritannien/Nigeria).

Anhang:
Kurzbiographien der Künstler

ABDOULAYE MANÉ

Geboren 1971 in Fatick, Senegal, Kunststudium an der Ecole Normale des Beaux Arts, Dakar.

Abdoulaye Mané blieb immer zwischen Kunst und Technik hingerissen. Daher sind z.B. Schrauben, Muttern und andere Metallstücke omnipräsent in seinen Installationen und Skulpturen. Das von ihm vorwiegend verarbeitete Material ist Eisen. Gegenpol dazu bilden seine Bilder.Hier dominieren kräftige Farben, die Themen findet er in der Natur. Eines seiner Lieblingsthemen ist Bambus.

JAMES KOFI BAIDEN

Geboren 1962, studiert Malerei am College of Art, KNUST, Kumasi in Ghana. Arbeitet als Künstler und Musiker. Verbindet Farbe und Musik und wählt Themen aus dem ländlichen und traditionellen Afrika.

James Baiden ist aber nicht nur Maler, sondern auch Kirchenorganist. Die Musik findet sich deshalb ebenfalls als wichtiger Ausdruck in seinen Gemälden. Dies wird offensichtlich durch den rythmischen Ausdruck von Farbe in seinem Werk. Die systematische Abstufung von dunkelsten bis hellsten Farbtönen ergibt eine harmonische Szene, eine Reminiszenz an den musikalischen Klang, angesiedelt zwischen den niedrigsten und höchsten Tönen der Tonleiter und es schafft den „Zuhörer" einen harmonischen Effekt zu vermitteln.

KALIDOU KASSÉ

Malerei, Skulpturen, Collagen. Einer der erfolgreichsten Künstler in Senegal. Ein Poet und Erzähler mit dem Pinsel. Er erzählt in seinem Bildern mit Liebe und Humor von Menschen, Berufen, Gebräuchen, Ritualen und Mythen seiner Heimat. Kassé betreibt die bekannte Galerie „Les Ateliers du Sahel" in Dakar

SAMUEL OWUSU-ANTWI

Hatte eine enge Beziehung zu seinem Großvater, der als Handwerksmeister arbeitete. Schon mit zwölf Jahren konnte er verschiedene Schnitzereien anfertigen und Körbe flechten. Später erwarb er ein Kunstdiplom nach Absolvierung eines Fernkurses am Londoner „Institut of Education and Associated Sciences".

Durch seine Pinsel- und Messertechnik entsteht in seinen Gemälden der Eindruck von Maserungen, die in unterschiedlichen Holzarten (Sapale, Schedua etc.) vorkommen. Er hat darüber hinaus ein Vorliebe für weiche Farben, die gut zu seiner „Venentechnik" passen.

GODFREY SETTI

Geboren 1958 in Kitwe, Zambia, gest. 2001. Studium in Südafrika und England, erwarb dort 1991 ein B.A. und ein M.A. an der Rhodes University in Südafrika. Langjähriger Dozent für Kunst und Kunstgeschichte am Evelyne Hone College, Lusaka, Zambia.

Zahlreiche Einzel- und Gruppenausstellungen in Zambia, Zimbabwe, Südafrika, USA, England und Finnland. Lebt in Lusaka und arbeitet als Maler und Lehrer.

Godfrey Setti hat das ländliche Afrika als Thema gewählt und seine Bilder erzählen typische Szenen aus dem alltäglichen Leben der Menschen.

WUDDAH-MARTEY

Geboren 1966 in Ghana, Kunststudium an der Kwame-Nkrumah-Universität Kumasi, erwirbt den B.A. Dozent an der Universität Kumasi, Restaurator am Nationalmuseum und am Museum für die Geschichte der Sklaverei in Cape Coast Castle.

Wuddah-Martey wählt das traditionelle Afrika als Bezugspunkt, seine Gemälde erzählen die Geschichte der Sklaverei und geben Einblicke in die Kultur Ghanas.

Seine Liebe zur Natur spiegelt sich in den ausdrucksstarken Landschaftsbildern. Er verbindet in seinen Öl-, Aquarell- und Acrylbildern naturalistische und abstrakte Stilmittel. Es entstehen dabei farbenprächtige, lichtvolle und rythmisch bewegte Kompositionen.

BOOKS ON AFRICAN STUDIES
Bislang erschienene Publikationen

Ahmed Y. Zohny
The Politics, Economics and Dynamics of Development. Administration in Contemporary Administration in Contemporary Egypt. ISBN 3-927198-00-5

Kodwo Ewusi
Structural Adjustment and Stabilization Policies in Developing Countries (A Case Study: Ghana's Experience (1983–1986). ISBN 3-927198-01-3

Kodwo Ewusi
Towards Food Self-Sufficiency in West Africa. ISBN 3-927198-02-1

Kodwo Ewusi
Urbanization, Modernization and Employment of Women in Ghana.
ISBN 3-927198-03-X

Angela Christian
Facets of Ghanaian Culture. ISBN 3-927198-04-8

Angela Christian
Facetten der Kultur Ghanas. ISBN 3-927198-07-2

Jojo Cobbinah
Ghana – A Traveller's Guide. ISBN 3-927198-05-6

Gisela Albus
Paris – Pittsburgh – A Story in Jazz. ISBN 3-927198-06-4

Jerry Bedu-Addo
Oware. ISBN 3-927198-08-0

Sebastian Bemile
Look up, Africa! ISBN 3-927198-12-9

Mansah Prah
Women's Studies with a Focus on Ghana: Selected Readings.
ISBN 3-927198-11-0

Stanley Nyamfukudza
Wenn Gott eine Frau wäre. ISBN 3-927198-09-9

Almut Seiler-Dietrich
Wörter sind Totems. ISBN 3-927198-13-7

Wolf Angebauer
Die Grenze meines Reisfelds ist das Meer. ISBN 3-927198-15-3

Edith Kohrs-Amissah
Aspects of Feminism and Gender in the Novels of three West African Women Writers. ISBN 3-927198-17-x

Christian Kohrs
Nkrumah-Rawlings; Eine Annäherung an das politische Denken zweier ghanaischer Staatsmänner. ISBN 3-927198-18-8

Jerry Bedu-Addo
Ghana, Traveller's Guide. The Ghanaian People, their History and Culture. ISBN 3-927198-22-6

Jerry Bedu-Addo
Ghana, Traveller's Guide. The Ghanaian People, their History and Culture (Second Edition). ISBN 3-927198-19-6

Jerry Bedu-Addo
The Children of Mankoadze: Our Village. ISBN 3-927198-21-8

Anke Poenicke
Agathe, Eine Berlinerin in Ruanda. ISBN 3-927198-27-7

Torild Skard
Kontinent der Frauen und der Hoffnung.Entwicklung in Afrika verstehen und fördern. ISBN 3-927198-23-4